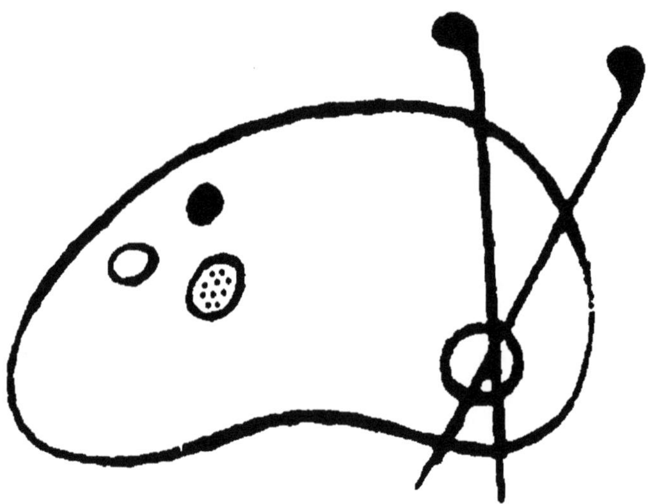

Fin d'une série de documents
en couleur

CAMILLE GILARDONI

# LES FRANÇAIS DE NOS JOURS





VITRY-LE-FRANÇOIS

IMPRIMERIE P. TAVERNIER

1907

# PRÉFACE

L'avènement de la démocratie a-t-il changé le caractère de la race française ? Quels sont les traits indélébiles auxquels on la reconnait aujourd'hui comme à travers tous les âges ? Et les legs du passé sont-ils assez forts pour dénaturer encore longtemps la démocratie française ? C'est ce qu'il s'agit d'examiner dans le présent travail.

Le signe le plus frappant d'*atavisme* est le spectacle que nous offre aujourd'hui la société française. Elle n'a réussi jusqu'à ce jour qu'à appliquer à la démocratie les errements des anciens régimes. Les quelques affranchissements mêmes dont nous avons lieu de nous flatter se sont faits par un vrai régime de bon plaisir. La marque de la monarchie, du pouvoir personnel, se reconnait en tout. Il y a, en jurisprudence, une sage maxime qui sert de base à tous les contrats : « Donner et retenir ne vaut. » Or jamais rien de libéral ne s'est donné en France sans réserve. On ne veut le bien du peuple que sous réserve de réglementation, d'alignement, à la mode d'un tuteur qui ne laisse marcher son pupille que dans des entraves. On ne décrète la liberté de conscience, la liberté des cultes, la liberté du travail, des transactions, la liberté individuelle, la liberté d'association qu'avec mille restrictions qui rappellent les libertés du fameux monologue de Figaro. La forme emporte le fond, mais l'on se satisfait de la forme, et, chose bizarre, avec tous ces dénis de liberté, les Français sont encore, peut-être, les plus libres de tous les hommes. C'est que l'on s'aperçoit bien que ces entraves ne sont que des entraves artificielles, et l'on se contente de savoir que l'on pourrait être libre si on le voulait bien. Pourtant on ne voit pas qu'en général on ait la moindre confiance dans la force de l'idée libérale. On en médit plutôt qu'on ne l'exalte. Mais, quoi qu'il en soit, les Francais, s'ils ne sont pas réellement libres, sont, si l'on peut ainsi parler, en *puissance* de liberté. Or que l'on considère combien peu de nations sont dans un tel état. Un Allemand, un Russe, par exemple, ne pourraient être aisément libres, même s'ils le voulaient bien. Un échafaudage gothique de servitudes, d'institutions antiques, de coutumes perdues dans la nuit des temps, les en empêche. On peut dire de ces peuples qu'ils n'ont pas encore eu leur affranchissement, et l'on a raison. Le

Français, affranchi, n'a à lutter que contre des remous, contre des réactions de tyrannie et de despotisme, tandis que les Russes et les Allemands ont encore à renverser le principe du despotisme, et, jusque là, ils sont esclaves en fait. Il y a bien de la différence entre n'avoir qu'à supporter la dose de despotisme naturelle à l'homme, et avoir à subir un despotisme consacré, divinisé, endémique, et voilà pourquoi les Français sont, bon gré, mal gré, parmi les plus libres de tous les hommes.

C'est ce qui fait que le despotisme, dans la France d'aujourd'hui, a quelque chose de gauche, de contraint, d'emprunté, qui, comme tout ce qui n'est pas naturel, excite la méfiance et n'entraîne aucunement la conviction. Mais, par là même, les tentatives de tyrannie ont quelque chose de plus effrayant parce qu'elles sont devenues plus étrangères à notre état d'esprit actuel. Nous nous faisons difficilement à l'idée de voir de nos égaux nous tyranniser, et, quelque naturelle que soit la tyrannie parmi les hommes, l'idée que quelqu'un puisse prendre sur nous une maîtrise grossière ne peut que nous frapper de stupeur.

Aussi se méfie-t-on de tous ces programmes qui, sous un faux air d'intérêt public, ne font que réveiller les vieilles tyrannies. Les théories socialistes épouvantent; les projets gouvernementaux de réformes inquiètent ; les programmes libéraux même causent de vagues suspicions ; on voit partout des germes d'autocratie ; de tous côtés cet indigeste mélange d'émancipation et de despotisme émerge ; et voilà pourquoi l'on ne peut encore soupçonner ce que peut et doit être une société démocratique.

Il faut pourtant, ce semble, que nous y tendions, et que nous prenions des manières démocratiques de voir et de régler les choses. Si la démocratie ne doit être qu'une *ochlocratie* ou une aristocratie à rebours, il est à craindre que l'aristocratie traditionnelle ne reprenne ses avantages, car elle aurait au moins le mérite de la sincérité. Si l'amour des distinctions, si la soif de l'autorité, si le besoin de tyranniser, si la manie des excommunications, si la haine de toute supériorité naturelle animent des démocrates, quels vices auraient-ils à laisser aux aristocrates ?

En attendant, l'observateur ne voit en France qu'une société divisée et incohérente, qui, au milieu d'aspirations confuses vers un ordre nouveau, n'a guère que des passions d'ancien régime. Ce sont les débats de ces vieilles passions dans un milieu qui ne peut plus guère les admettre ni les comprendre, qui font l'intérêt d'une étude sur la société française moderne. Ces débats constituent et continuent l'éternelle comédie humaine que les changements de régime ne feront que diversifier, sans pouvoir jamais l'anéantir. Car on ne peut malheureusement que présumer que les hommes seront toujours les mêmes ; toujours ils subtiliseront, toujours ils équivoqueront, toujours ils tyranniseront, toujours ils aduleront les tyrannies, toujours ils fausseront ce qui est naturel et juste. On ne sait quel miracle il faudrait pour qu'ils devinssent franchement libéraux. Il faudrait pour cela que l'intérêt, l'amour-propre, la vanité, la servilité, l'égoïsme, l'esprit de domination diminuassent dans une dose telle, qu'ils ne seraient presque plus des hommes. La sage démocratie pourrait inaugurer ce miracle ; mais la comprendra-t-on jamais ?

Il faut avouer pourtant que la démocratie a amené une certaine manière de sagesse qui n'est pas sans prix. En facilitant les accès à l'autorité, en permettant à tous les Français de goûter de la tyrannie, elle a fait du gouvernement une chose vulgaire qui n'attire plus les âmes un peu hautes, ce qui augmente dans la nation la dose de philosophes désabusés de tous les attraits de la toute puissance. Il faut aujourd'hui plus que de l'ambition, il faut un vrai désintéressement pour affronter le pouvoir. On est tellement sûr que ceux qui en sont vraiment dignes n'y arriveront pas, que l'on se désaccoutume de l'idée que la véritable influence est dans le gouvernement. On le subit comme une sorte de fléau ; on lui permet même de déraisonner, sûr que l'on est que la sagesse latente du pays finira toujours par le désavouer. Enfin l'on se persuade de plus en plus d'une grande vérité, c'est que le véritable gouvernement d'un pays n'est pas celui qu'on décrète, celui qu'on adule, celui auquel on rend de pompeux hommages, mais celui que veulent l'opinion, la volonté des gens de bien.

Il se fait, à cet égard, un singulier renversement de toutes les idées communes et consacrées, c'est que la tête du pays n'est plus où l'on la croit. Il s'implante, au sommet de notre édifice social, une foule de fausses têtes qui arrivent parfois à en imposer, mais dont le vide et la vanité se décèlent tôt ou tard. La véritable tête est dissimulée dans la masse du pays, appuyant les gouvernements quand ils ont raison, les démentant quand ils ont tort, opposant enfin à tous leurs caprices une force d'inertie irrésistible. Et il en résulte que ce qu'on appelle communément les régions du pouvoir sont le plus souvent le domaine de l'erreur et de l'illusion. Les gouvernements ont l'habitude de tout fausser à leur profit ; ils ont de faux appuis, s'entourent de faux amis, professent de fausses maximes, et souvent ils ne s'aperçoivent de l'erreur au milieu de laquelle ils vivent que lorsqu'ils ne sont plus.

Cette erreur pouvait se perpétuer longtemps sous les anciens régimes, parce qu'il était de convention que les gouvernements étaient quelque chose de mystique, d'où la vérité était absolument bannie, et qui ne pouvait se maintenir que par un ascendant extra-humain. Mais aujourd'hui, que la base du pouvoir a été bien dégagée et mise au grand jour, l'artifice n'a plus les moyens qu'il avait jadis de frapper les imaginations ni de réduire les volontés ; les falsifications, les sophistications apparaissent sans ambages ; et la véritable autorité, qui n'aime que la vérité et la sincérité, se cache en des retraites où on ne la soupçonnerait pas, laissant la fausse se griser d'hommages empruntés, s'amuser de vains hochets, et se perdre dans l'infatuation et dans le mensonge.

Voilà ce qui fait que la crise démocratique dans laquelle nous nous agitons est très intéressante à étudier et à dépeindre, car rien n'est plus divertissant que de voir les hommes se draper dans des oripeaux ridicules et démodés, prendre pour vrai ce qui est faux, pour réel ce qui est artificiel, et mettre leur vanité à paraître ce qu'ils ne sont point. Et, s'il y avait du plaisir à flageller autrefois des vices qui avaient leur raison d'être dans les préjugés du temps, à plus forte raison aujourd'hui, où, avec les idées égalitaires, on en voit davantage la vanité et le néant. Quant aux instincts de tyrannie, ils ont été de tous temps odieux, mais la tyrannie démocratique a quelque chose de particulièrement répugnant. Faire voir où cette tyrannie a principalement lieu de s'exercer est donc une œuvre saine, fortifiante, et de nature à invalider toutes les habitudes de despotismes.

La morale à tirer de l'examen qu'on va faire, c'est que l'on ne refait pas une société comme on reconstruit un édifice, que l'on a beau se déclarer démocrates, égalitaires, sans que, pour cela, on le soit en aucune manière, et que l'amour de la domination est tellement ancré dans les hommes, que les meilleurs n'y résistent pas, et qu'ils sont toujours enclins à vouloir faire le bien des hommes impérativement et à force de décrets.

Si l'on arrivait un jour à la sagesse, à laquelle la démocratie devrait amener, on verrait que la supériorité de ce gouvernement est de nous préserver des formules, des mensonges, des violences, des contraintes dans lesquels le monde ancien croupissait ; qu'elle a pour but de mettre en évidence la vraie force politique, et que tous les gages que nous donnons encore à la fausse sont un vrai déni de démocratie.

Mais il faudra pour cela encore tant de temps, tant de perfectionnements, et tant de désillusions, que nous sommes condamnés à vivre encore longtemps dans le mensonge, à nous accommoder de cet indigeste mélange de choses caduques et de choses vivantes. Longtemps encore on désavouera le despotisme et on le pratiquera ; on rira des vanités humaines et l'on y accédera ; on prêchera la fraternité et on se dévorera ; on demandera l'égalité et la fusion humaines, et l'on ne rêvera que distinctions ; on s'élèvera contre les privilèges, et l'on se dira à part soi : « Beati possidentes ! » ; on vantera l'humanité et l'on agira en tigres. Tous les jours nous sommes témoins de ces incohérences et de ces contradictions, et le peu d'étonnement qu'elles causent prouve que nous sommes plus aisés à nous griser de mots qu'à comprendre et à pratiquer les choses.

Nous payons chèrement l'avantage d'être des gens désabusés. Nous n'avons plus un seul principe solide ; nous n'avons que des restes de superstition ; encore y adhérons-nous par automatisme plutôt que par foi ; mais, dans toutes ces déformations morales, au moins n'avons-nous plus ce principe de fausseté, qui s'appelle le *pharisaïsme*. Tout tend aujourd'hui à l'exclure de partout, et c'est une œuvre d'assainissement dont le monde entier profitera.

Quand l'on songe que les trois quarts de l'Europe vivent aujourd'hui sous des théories de commande, que la monarchie y est un mensonge, que le christianisme y est un mensonge, que la politique y vit de contresens et de paralogismes, on s'estimera fier de vivre sous un régime de sincérité, et l'on comptera pour peu de chose tous les démentis que nos passions viennent donner sans cesse à la franchise et à la pureté de nos théories.

Comment nous accuser de manquer de principes, quand les autres nations en ont de si douteux ? Où sont les convictions fortes ? où est la religion vraie ? où sont les cœurs purs ? où est la politique sage et rationnelle ? Nous ne voyons partout que tromperie, que singerie, qu'affectation, que compromis, que défaillances, que palinodies. Bref, c'est le pharisaïsme avec tout son cortège de fausses vertus, de faux intérêts, de fausses pratiques, de fausses intentions, de fausse dévotion, qui déforme et submerge tout ce qui voudrait vivre. Et c'est parce que l'on perpétue, l'on éternise des fantômes, des cadavres ; parce qu'on a cru pouvoir ajuster au niveau de notre siècle des institutions qui devaient périr à sa porte, que l'Europe, que le monde presque entier est malade. Nous n'avons plus partout que des affectations de principes. Nous avons des monarchies qui n'en sont plus, des aristocraties qui n'en sont plus, des Parlements qui souvent n'en sont pas, des Eglises qui n'en sont vraiment plus, des castes que l'on ne comprend plus, des théocraties qui n'ont plus de base, des alliances de mots et de choses qui sont un perpétuel contre-sens. Or, si le mensonge peut durer un temps, il faut, de toute nécessité, qu'il se résolve en vérité. Jusque-là la comédie humaine et sociale est très plaisante, et c'est en se moquant des hommes que l'on peut le plus sûrement les corriger.

# LES FRANÇAIS DE NOS JOURS

## CARACTÈRES GÉNÉRAUX

Que l'on se représente une société où tous les principes d'autorité et de gouvernement n'ont donné jusqu'à ce jour que des démentis, que des déceptions, que des ruines, l'on aura la société française. Ces principes se sont corrompus en France bien plus vite que dans les autres Etats ; nous n'avons jamais su garder la modération dans le pouvoir, et tout le progrès, dans l'art de nous conduire, n'a jamais consisté que dans un changement de tyrannies. Nous avons toujours été, ou trop gouvernés, ou mal gouvernés, ou peu gouvernés, si bien que les limites, dans l'obéissance ou dans l'indépendance, nous sont absolument inconnues. Nous ne pouvons même pas dire quel système, ou du despotisme ou de la licence ou du relâchement, nous a été le plus favorable, tant ils ont eu tous les mêmes effets. Ils ont toujours abouti à l'oppression ; et, tout en criant sans cesse à la liberté, nous serions bien étonnés et contraints d'être libres. Nous le sommes pourtant sur certains points, mais nous exceptons toujours, de ces libertés, le droit régalien qui ne cherche qu'à les détruire toutes.

Avec cette complexion, nous n'en avons pas moins fait de la France le plus solide bloc qui existe en Europe, et tous les pronostics que l'on a tirés de notre légèreté, de notre inconsistance, de notre licence, ont été démentis. Nous avons toujours été suivis, malgré les anathèmes qu'on nous lançait, et toutes les bonnes raisons qu'avaient les autres nations de rester ce qu'elles étaient n'ont pas prévalu contre le besoin de se modeler sur la France. Nous représentons donc un esprit général, qui a marché plus vite chez nous que chez les autres, et c'est en étudiant les Français qu'on peut se rendre compte de l'esprit actuel de l'humanité.

## I

On se représente généralement le Français comme un être passionné, mais le caractère des passions françaises est assez singulier, pour que l'on s'attache à les dépeindre avec quelque détail Nous avons, de tous temps, aimé les grandes folies; nous avons eu la fièvre très souvent. Nous nous sommes passionnés pour la scolastique, pour la chevalerie, pour l'alchimie, pour la théologie, pour la philosophie, pour les Droits de l'homme. Mais, en règle générale, nous nous sommes toujours arrêtés à temps pour que ces chimères ne devinssent pas une cause de dissolution pour le pays. Nous n'avons pas péri, comme l'Espagne, par une Inquisition devenue endémique; nous n'avons pas risqué la vie de la nation par la Réforme, comme l'Allemagne; nous n'avons pas poussé l'amour des libertés municipales jusqu'à la dissolution de tout comme l'Italie. Le Jansénisme, d'essence si française pourtant, n'a pu conquérir le pays, et l'ultramontanisme, si suspect cependant, n'a jamais pu en être entièrement extirpé. Au milieu de tous les fanatismes, au milieu de tous les engouements, nous avons toujours réservé une pointe de bon sens pour les détruire ou les mitiger, et le Français qui se serait donné tout entier aurait toujours été sûr de trouver des désapprobateurs, ne fût-ce que lui-même.

De là vient que chez nous les supertitions n'ont jamais été tenaces, ni les convictions très fortes. Chose singulière, nous nous sommes toujours plus passionnés pour les idées d'autrui que pour les nôtres propres.

Nous nous sommes faits, suivant les âges, Romains, Anglais, Espagnols, Allemands avec emportement, et il était presque de mauvais goût de paraître Gaulois ou Français. De même avec les systèmes, les doctrines, les dogmes de toutes sortes : nous affichons pour ce qui ne vient pas de nous une conviction exubérante ; mais c'est qu'alors il est de bon ton de paraître convaincu. Nous sommes dogmatiques par air, par mode. Il semble que nous mettions une certaine pudeur à ne pas trop croire ce que nous pensons, et que, dès que ce n'est pas notre opinion propre que nous défendons, nous devions le faire immodérément et ardemment.

Aussi peu de choses ont-elles été faites ou commises en France par un fanatisme vrai. C'est par un effort sur nous-mêmes que nous mettons nos passions en branle ; ou bien encore aimons-nous à jouer la violence, et alors nous brisons tout, sans savoir pourquoi nous nous livrons à ces déprédations. Tout cela constitue le fanatisme fanfaron, qui nous a toujours été si coutumier. Ce n'est plus alors la passion qui agit ; c'est un sophisme armé de toutes les arguties de la force brutale ; et, comme ce faux entraînement n'a d'autre mérite que d'être outré, on craint plus que toutes choses d'être ou de paraître modéré.

Que de méfaits ont été commis par cette

crainte d'être modéré. C'est un préjugé commun en France que de croire qu'une conviction ne peut être discrète sans être faible, et que la modération est signe de débilité. Aussi avons-nous presque toujours été en dehors de nous-mêmes, exerçant des violences sans les comprendre, arborant des principes sans aucun fondement dans notre esprit, et donnant la *furia francase* à bien des choses qui ne la méritaient pas.

Pourtant l'on nous reconnaissait autrefois des maximes très fortes, et l'imputation de légèreté ne s'adressait jamais qu'à des petits travers qui ne mettaient aucunement en cause la solidité de l'Etat. Personne n'était plus attaché à ses rois ; sans être, au fond, dogmatiques, nous bannissions tout examen sur certaines choses, et notre respect pour les arcanes de l'autorité pouvait passer pour une vraie superstition. Il faut que cette superstition ait été bien forte pour que le loyalisme de la nation n'ait pas été découragé pendant tant de siècles par les abus de pouvoir, les exactions, les levées d'hommes, les emprisonnements arbitraires, la ruine de beaucoup d'industries, et le poids écrasant des impôts. Il est vrai que cet attachement était tempéré par la malice gauloise. Nous nous vengions de tout par des chansons. Nous faisions aussi parfois des Frondes qui se terminaient par le ridicule, et nous démontrions ainsi que la force adroite, le despotisme habile avaient toujours nos suffrages. Sans doute, l'esprit ne perdait pas ses droits, mais nous étions toujours prêts à donner de l'esprit à ceux qui nous gouvernaient fortement.

Ce qui aide beaucoup à cette complexion, c'est le besoin d'unité. Nous sommes des unitaires impitoyables. Nous ne pouvons supporter des Français variés et divisés. Il faut toujours que nous trouvions quelque raison pour ramener nos compatriotes à une croyance commune. Tous les efforts des grands esprits de notre race n'ont tendu qu'à nous unifier de plus en plus. On croit qu'au contraire le besoin d'examen, la critique, le scepticisme ont engendré des germes de sécession : c'est une erreur ; on fait toujours un peu violence à nos sentiments pour nous amener, soit à un désenchantement général, soit à une foi générale. La tentative émancipatrice de Descartes, au fond, n'avait pas un autre but. Il voulait violenter les Français à sa manière, c'est-à-dire leur imposer l'évidence, et cela d'une façon tellement tyrannique, que toute la nation s'unit dans le besoin de voir clair, et qu'il n'y eût plus dans le pays un seul esprit faux, c'est-à-dire différent des autres. Les preuves géométriques que Pascal donnait de la religion sortaient du même esprit. Il suffit de voir comment il gourmande les indifférents et les *libertins* de son temps ; il fallait être chrétien ou rien, et l'on n'était pas libre de mal raisonner. C'était le *Compelle intrare*. Bossuet ne veut pas qu'un seul homme pense particulièrement sans être un monstre d'orgueil ; le bon sens et la vérité ne sont que dans la croyance commune. Plus tard l'orthodoxie philosophique, pour laquelle se passionnait tant Voltaire, était encore une tyrannie dictée par le besoin d'uniformité, et l'on sait par quelles tracasseries J.-J. Rousseau paya l'audace qu'il eut de se mettre en dehors du petit troupeau. Ce Rousseau lui-même n'entendait l'Etat et le Gouvernement qu'à la spartiate, et la souveraineté de tous entrainait l'abdication et l'effacement de tous. En somme, tout l'enseignement que nous tirons des tentatives de l'esprit français, c'est que nous ne sommes rien isolément.

On n'a jamais compris en France la diversité des doctrines, et la fécondité qui naît de cette diversité. Et ce qui est vrai des doctrines l'est aussi de nos mœurs et de nos façons de vivre. Tous les écrits de nos moralistes, sauf peut-être Vauvenargues, aboutissent à la conclusion que l'homme, livré à lui-même, ne peut qu'errer et se noyer. Ils ne nous prêchent qu'un sincère et salutaire automatisme. Tout notre théâtre comique prône *l'honnête homme*, c'est-à-dire un être discipliné, tempéré, craintif de toute opinion propre, assujetti aux maximes du monde, d'une honnêteté convenue et réglée, ayant horreur de tous les ridicules, surtout de celui de se mettre à l'écart de tout le monde. De là une atmosphère de bienséances, de modes, de formules consacrées, en dehors desquelles l'homme peut vivre, mais non bien vivre. Ce préjugé se fortifie de l'idée que, la France étant la patrie du sens commun, tout doit y tendre à la communauté de sentiments, et qu'une homme qui ne pense pas comme tout le monde n'y a aucune place.

Quand la philosophie du dix-huitième siecle eut sapé les bases des doctrines religieuses et ébranlé tous les principes de la vie sociale d'alors, ce besoin de communauté, d'orthodoxie se retourna, et les croyants, les automates sociaux, à leur tour, devinrent des gens singuliers, inquiétants, gardiens de vieux préjugés devenus des idées particulières. Il fallut alors être libertin, antireligieux, philosophe suivant le terme convenu, pour entrer dans la communion française. Le même esprit de forclusion, d'unité tyrannique, continua. On se scandalisa de ce que la grande majorité ne pensait pas, de même qu'on s'était scandalisé de ce que certains hommes pensaient trop. La négation devint alors une sorte de religion qui eut ses dévôts et ses fanatiques, et l'uniformité française dans la négation ou dans le doute railleur fut le phénomène prédominant de l'avant-dernier siècle. On essaya toutes sortes d'orthodoxies pour contrebalancer cette orthodoxie négatrice, et l'on n'y réussit point, et le choc de ces différentes orthodoxies eut même pour effet de les rendre toutes impossibles. On crut rétablir cette uniformité en se rendant savant et en ne jurant que par la science, mais l'on aboutissait par là au dogmatisme, et c'est ce que l'esprit français ne peut souffrir. Une ironie perfide, fruit de tous nos désenchantements, a semé un doute dissolvant sur tout ce qui a des prétentions à nous convaincre, si bien que l'on ne comprend pas plus aujourd'hui un homme qui jure par la Bible qu'un homme qui jure par Darwin.

Dans cette dissolution, nous accordons beaucoup aux apparences d'unité, et tout ce qui peut en donner une image, même trompeuse, nous séduit de prime-abord. C'est au point que nous faussons inconsciemment les institutions, et que nous les faisons tyranniques et centralisatrices pour nous plaire. Nous prêchons la dispersion, les autonomies individuelles, ou municipales, ou provinciales, mais sans y croire, et, quand on nous prône une République qui, dans son essence, représente la variété dans l'unité, nous la trouvons admirable, mais nous ne la comprenons pas. De longtemps encore nous n'aurons qu'une République unitaire.

Ce que l'on demande donc au gouvernement, c'est moins de nous gouverner que de nous unir, et, comme l'on y arrive aisément en nous tyrannisant, la tyrannie est le but presque fatal de tous les gouvernants. On a fait une révolution pour que le peuple pût imposer sa volonté au souverain, mais l'on trouverait fort singulier que le gouvernement n'eût pas une volonté, et, quand cette volonté parait manquer, tout le pays est dans le malaise et dans l'inquiétude. On crie sur tous les tons que l'opinion publique est la reine, mais comment saurait-on qu'elle est publique si le gouvernement ne la fixait ? On veut que l'opinion publique gouverne, mais cette opinion devient fatalement celle du gouvernement, c'est-à-dire une opinion particulière. Que demande-t-on au fond ? C'est que ceux qui sont au pouvoir pensent pour tout le monde; et voilà pourquoi l'on a beau édicter que la République est l'expression de l'opinion publique, l'on n'en veut pas moins qu'elle fasse l'opinion, et non pas qu'elle la suive. Aussi, quand elle manque à cette tâche, l'œuvre de tous ceux qui se croient de bons citoyens est de lui donner une opinion, et, comme cette opinion ne peut être que la leur, il s'ensuit que la République ne peut jamais être impartiale, et qu'elle ne reflète jamais que les idées de quelques-uns.

D'où il ressort que la loi qui, d'après son principe, doit être l'expression de la volonté générale, ne l'est jamais, et que c'est presque toujours par contrainte qu'un grand nombre de citoyens l'admettent. Or, si la République ne peut amener l'unanimité des croyances ni des tendances, il faudrait, du moins, qu'elle amenât une adhésion sereine à l'opinion de la pluralité, et c'est ce qui arrive difficilement parce que ceux qui disposent de la majorité ont toujours l'ambition de conquérir ceux qui ne pensent pas comme eux et de leur imposer leurs croyances ou leurs préjugés ; et, si ces derniers s'y soumettent tant bien que mal, c'est toujours avec la secrète pensée qu'ils pourront faire de même un jour, et se montrer aussi despotes et aussi fanatiques que le sont leurs adversaires.

La difficulté d'établir un véritable esprit républicain vient de ce que l'on est tombé dans la République avec l'esprit monarchique, dont les Français sont loin de s'être dépouillés. Cet esprit monarchique fait que tout le monde y vise à la souveraineté, que l'on a que cet objectif en vue, et que l'on y fait converger tous ses intérêts et toutes ses passions, tandis qu'en réalité il ne doit pas y avoir de souveraineté, et que le véritable esprit républicain en est justement le déni, puisque personne n'y doit dominer, et que la saine vue de l'intérêt général et le désir de s'y conformer doivent faire taire toutes les convoitises et toutes les ambitions.

Mais la vertu républicaine n'est encore qu'un idéal qu'on admire d'après Montesquieu, mais auquel on ne tend guère. Ce n'est pas qu'il n'y ait point dans le pays certaines tentatives républicaines, c'est-à-dire désintéressées, larges, bienfaisantes ; mais elles se font en dehors du gouvernement et du Parlement, ces derniers tendant toujours à perpétuer l'esprit monarchique dans les maximes politiques, et à refouler toute conception nouvelle qui délierait les citoyens d'une tutelle dont les siècles ont éprouvé les bienfaits. Si donc il se fait un mouvement pour établir dans le monde la véritable paix, la véritable fraternité, l'esprit religieux sainement conçu, ne le cherchez, ni dans les chancelleries, ni dans les ministères, ni dans les Chambres, ni dans ces régions officielles, où les idées justes s'anémient et se dissipent : vous le trouverez dans certains hommes, dans certains groupements, dans certaines associations, qui n'ont d'autres armes ni d'autres moyens que la persuasion, qui essaient péniblement de convertir et d'illuminer ceux qui demandent des convictions à l'Etat, heureuses si on ne les trouve pas inquiétantes pour l'ordre et le repos publics, et si, pour récompense de leur apostolat, elles ne suscitent pas la méfiance ni la haine !

En général le rôle d'apôtre est presque ridicule. Comment concevoir que des hommes essaient de secouer la lourde torpeur dans laquelle la plus grande partie de l'humanité croupit ? Comment admettre que certaines gens voient là où les autres ne voient rien ? Comment s'expliquer que le monde doive abdiquer devant quelques particuliers qui n'ont pour eux que de bonnes raisons et de candides intentions ? N'est-ce pas là un défi à l'égalité qui veut que tous les citoyens soient aussi simples d'esprit les uns que les autres, et qui professe que le bon sens est la chose la mieux partagée ?

## II

Dans cette soumission d'esprit, il n'y a qu'une chose qui puisse faire fléchir les raisons particulières, c'est la raison d'Etat. Il faut faire un grand effort sur soi pour ne pas la trouver plus lumineuse que toutes les autres, et elle sert toujours d'excuse pour pallier toutes les défaillances de notre jugement. On conviendra, par exemple, que les hommes ont tort de s'entretuer, que les litiges entre nations pourraient se résoudre par l'arbitrage, que les finances des Etats ne sont pas une proie pour les ambitieux, que l'ordre et l'économie sont de règle dans toutes les affaires quelque élevées qu'elles soient, que la tolérance est l'une des principales maximes de la République, et qu'on ne peut proscrire certaines catégories d'hommes parce qu'elles vous déplaisent, que la différence de couleur ne doit pas créer de déchéances parmi les hommes, que le nom ou la fortune ne doivent pas établir de privilèges, que l'impôt est un paiement des services et non un régulateur des fortunes : ces vérités, tout le monde en convient ; on fait sur ce thème, les plus beaux discours ; il n'y a de récalcitrants que ceux qui passent pour extravagants ; et, cependant, les armées disproportionnées ruinent les Etats, un tribunal d'arbitrage, solennellement organisé, n'a pas de clients, les finances sont dilapidées par l'incurie, le désordre et mille emplois inutiles, ont fait des distinctions et des excommunications entre Français, la roue de la Fortune va d'un train désordonné et répand l'opulence et la misère au hasard sans compensation, on maltraite et l'on proscrit un homme parce qu'il est jaune ou noir, l'impôt devient un instrument de nivellement, et tels payent dix fois plus que d'autres le service que l'Etat leur rend : on vit dans ces singularités, dans ces dissonances, l'on gémit et l'on s'y résigne, parce que la politique a ses raisons que la raison ne comprend pas.

Si l'Etat a ses maximes, les particuliers se vantent d'avoir les leurs, et l'on dirait que chacun s'attache à ne pas être plus sage que le gouvernement. L'on a affaire ainsi à mille petites raisons d'Etat particulières, qui sont toutes irréductibles, et avec lesquelles il faut sans cesse composer. L'un trouve que l'Etat est trop débonnaire, l'autre qu'il est maladroit, un troisième qu'il est brouillon, et chacun présente sa recette qui doit sauver la société. En général on y prône beaucoup la force, et l'on s'attache plus à des tyrans adroits que des souverains paternels. On frémit souvent de les entendre, et l'on ne souhaite pas qu'ils soient appelés un jour à corriger les sottises de l'Etat.

Du reste, à entendre les Français parler de leurs affaires, établir les bases de la société, raisonner sur nos besoins, sur la manière de nous organiser, discuter la religion et la morale, conférer de la science et de ses conquêtes ou prôner un heureux et commode scepticisme, on dirait parfois des habitants de plusieurs planètes différentes. On s'étonne qu'ils puissent vivre, en somme, aussi uniformément qu'ils vivent, car un athée, un collectiviste, un catholique, un épicurien, un puritain sont aussi étrangers les uns aux autres qu'un Papou l'est d'un Lapon. L'un veut détruire ce que l'autre veut conserver ; l'un nie ce que l'autre affirme ; l'un ne rêve que la dissolution et l'autre que la compression ; l'un veut tout unir et l'autre tout diviser ; l'un professe que les hommes sont des anges, et l'autre que les hommes sont des loups : on ne croirait pas qu'il puisse y avoir d'habitat commun pour des êtres aussi dissemblables. Et pourtant ils se côtoient et se conviennent, se font des civilités, se rendent des services, unissent leurs fils et leurs filles, et ces théoriciens fougueux semblent presque être des frères quand ils ne songent pas à raisonner.

De même les ennemis et les amis de la société, les démolisseurs et les conservateurs, les énergumènes et les pacifiques, les particularistes et les communistes vivent à peu de chose près de même, obéissent aux pouvoirs qu'ils frondent, donnent sans cesse des gages aux idoles qu'ils détruisent, profitent des biens qui leur arrivent sans en discuter l'origine, se soumettent quand il faut se soumettre, ont des châteaux quand d'autres n'ont que des tanières, et se font admirablement servir par leurs égaux. Cette uniformité fait que l'on s'habitue à concevoir l'opportunisme dans les relations sociales. On voit que des ennemis de la propriété savent néanmoins être propriétaires, que des détracteurs du capital ne le méprisent pas quand il tombe entre leurs mains ; que des égalitaires savent très bien trouver et choyer des distinctions ; que des adversaires de la religion savent très bien tourner en leur faveur le sentiment religieux, et jouer admirablement le rôle de pontifes : à ce spectacle l'on se rassure, et l'on se dit que le désir du mieux ne compromet pas encore les biens dont nous jouissons.

Le sans-gêne démocratique, dont l'on s'est flatté comme d'une conquête, trouve, en somme, peu de partisans. Il nous faut un effort pour être grossiers. On nous a tant appris à nous contraindre et à nous composer, que ne savoir pas le faire est pour nous ne savoir pas vivre. De là vient qu'on ne prise pas autant qu'il le faudrait les dons naturels, et que l'on s'imagine toujours un peu que l'homme ne peut être civilisé qu'artificiellement. Nous croyons généralement que ce n'est que par ces vertus acquises que nous pouvons nous distinguer ; nous nous persuadons fort difficilement qu'un homme puisse être poli naturellement, puisse approcher ses semblables avec bonne grâce, parler agréablement et se retourner avec aisance s'il n'a été élevé dans les salons.

Voilà pourquoi nous nous défions de nos sentiments naturels, et que l'on se plaint souvent de ne plus retrouver en nous le Français. C'est que l'habitat démocratique a établi dans notre société une nouvelle contrainte, et que l'on cherche par tous les biais possibles, à n'être pas un démocrate conséquent. On ne saurait voir un phénomène plus singulier que ce déguisement. Par cela seul que la démocratie a développé en nous les idées d'humanité, de fraternité, de justice, et a essayé de faire de nous d'autres hommes, elle a suscité une sorte de défiance contre ces sentiments ; nous croyons volontiers qu'en élevant trop l'humanité elle nous trompe ou nous égare. Habitués comme nous le sommes à la violence, à l'arbitraire, aux persécutions, aux dénis de justice, à l'égoïsme, nous ne pouvons que difficilement nous persuader qu'un petit changement dans le régime social puisse nous rendre humains, généreux, compatissants à toutes les misères sociales et amoureux de la justice. Plutôt que de croire que notre cœur est d'accord avec l'idée démocratique, et de nous en rapporter à notre cœur, nous croyons plus volontiers que nous sommes dupes, et de notre cœur, et des principes que les temps nouveaux ont apportés.

De sorte que l'éducation démocratique a

sans cesse à combattre cette défiance, et à régénérer en nous des mobiles et des maximes que nous réfrénons et obscurcissons à plaisir. Nous devons réapprendre à être chevaleresques, humanitaires, libéraux, équitables, et à rendre à notre cœur ce que de sots préjugés lui ont enlevé.

## III

Les idées d'égalité, par exemple, ont à conquérir laborieusement la démocratie française. Cela vient de ce qu'on n'estime que ce qui vous distingue et non ce qui vous unit. On n'est pas fier d'être la trente millionnième partie d'un souverain, mais l'on est fier d'être comte ou baron. Aussi le goût aristocratique n'a-t-il jamais été plus en faveur. On est plus aristocrate que lorsqu'il y avait une véritable aristocratie. On a vu, à la fin de l'ancien régime, l'aristocratie française se renier, en quelque sorte, elle-même ; elle sentait que le sol manquait sous ses pieds, et que, pour être quelque chose dans la société nouvelle, il fallait être bourgeois. Mais aujourd'hui le bourgeois ne rêve que d'être plus que bourgeois, et n'est heureux que si on le croit autre chose. On veut bien être démocrate, mais ne pas ressembler aux autres démocrates. Aussi voit-on la bourgeoisie prendre les airs et les manières de l'ancienne aristocratie, et les prolétaires eux-mêmes, quoique fulminant contre la bourgeoisie, n'ont d'autre désir que d'être bourgeois, ce qui est encore une manière d'aristocratie. Enfin chacun ne rêve que de se distinguer. Il faut bien être vêtu comme les autres hommes, mais il faut qu'un signe, un ruban vous classe et vous fasse remarquer. De là vient aussi que les militaires ont tant de succès, car ils ont tant de prestance, de broderies, et une si belle opinion d'eux-mêmes, qu'il est difficile de les comparer aux autres hommes.

Voilà pourquoi l'on voit les ordres de chevalerie sortir de terre, au scandale des vrais et naïfs démocrates, qui ne comprennent pas que la démocratie, ne reconnaissant aucun mérite incréé, ni aucune distinction de naissance, doit pouvoir exalter les hommes, et faire quelque chose de rien. Si elle tombait toujours juste dans ses faveurs, on pourrait encore l'accuser d'une certaine aristocratie, imputation qu'elle rejette par dessus tout ; mais, les semant au hasard, elle ne peut encourir le reproche d'être injuste ou partiale, puisque tous peuvent être gratifiés de cette manne, et que l'*aristocratie démocratique*, si l'on peut ainsi parler, est largement ouverte à tout le monde.

Il y a, en effet, pour la démocratie, deux manières d'être niveleuse, c'est de relever la condition sociale ou de l'avilir. Les hommes n'étant pas meilleurs sous ce régime que sous les autres, il faut, pour son honneur, que la démocratie les fasse croire meilleurs, car l'opinion du mérite vaut souvent le mérite lui-même. C'est presque les grandir que de distinguer les gens, et l'on peut prédire à coup sûr que les fils de chevaliers de tant d'ordres et de tant de mérites divers ne seront pas des hommes ordinaires.

Ce qu'il y a, outre cela, de remarquable, c'est que le peuple se sent intérieurement flatté de donner des titres et des particules à certaines gens. C'est encore, pour lui, une manière de s'élever, car on devient un peu aristocrate à coudoyer des aristocrates. Tel appelle complaisamment M. le Duc ou M. le Marquis un homme qui hier était Grosjean, et que l'on n'abordait pas. Il ne croit pas se ravaler ; au contraire c'est une distinction pour lui de savoir qu'un homme qu'il rencontre tous les jours, et auquel il parle, est comte ou baron. Ce comte serait déclassé un bon jour, on reconnaitrait la vanité de ce titre, que le plus dépité ne serait pas le pseudo-aristocrate, mais l'homme qui l'abordait chapeau bas et qui lui débitait des compliments.

L'esprit démocratique ne se scandalise pas non plus trop que certains hommes oublient leur nom pour prendre celui d'une terre ou d'une poivrière. Tel qui s'appelait autrefois Dupuis ou Durand s'appelle aujourd'hui M. de Boncourt ou M. de Pierrepot. On se réjouit de voir ces métamorphoses, de même que l'on s'intéresse, par exemple, à voir une chrysalide se transformer en papillon. On commence par en rire un peu, mais l'on est tellement édifié du sérieux avec lequel ces néo-aristocrates étalent leur vanité, que l'on finit par les croire ; et il le faut bien, car les anciens roturiers ne sont plus qu'une chimère, et si tel voulait parler aujourd'hui à Dupuis ou à Durand, c'est comme s'il s'adressait à des habitants de la lune.

Peut-être faut-il voir, dans cette renonciation à son nom, un effet de l'humilité démocratique, car c'est vraiment devenir un fantôme que de ne plus s'appeler que du nom d'un village ou d'un donjon. Car celui qui se nomme Jean-Pierre ou Durand est toujours sûr de vivre sous ce nom tant qu'il durera. Au lieu que si, par un cataclysme, la bicoque ou le manoir dont nos nouveaux seigneurs s'honorent, venaient à s'effondrer et à disparaître, ces seigneurs ne seraient plus rien, et l'on se demanderait s'ils existent encore. Ils n'ont pas de personnalité, ils sont les accessoires d'un immeuble ou d'une terre. On n'entend jamais parler de M. du Castel ou de M. du Manoir sans croire qu'on parle d'un intendant ou d'un domestique d'un château quelconque, et l'on est toujours tenté de demander leurs noms. C'est comme les évêques que l'on appelait autrefois du nom de leurs sièges. Quand l'on disait M. de Meaux, M. de Cambrai, M. de Nîmes, M. de Châlons, il était difficile de savoir si l'on parlait de Bossuet, de Fénelon, de Fléchier ou de M. de Noailles.

## IV

Néanmoins l'on ne saurait croire le degré de passion que la plupart des Français mettent à ces vanités, et c'est une question qui peut diviser des villes et des villages que de savoir si M. un tel a des quartiers authentiques, s'il a un blason, et si ses armoiries sont conformes aux règles de l'art héraldique. C'est vraiment donner beau jeu à l'aristocratie des titres, et lui faire croire qu'elle est une puissance, que de mettre tant de souci à distinguer les vrais et les faux nobles. On devrait laisser au ridicule le soin de faire ce triage, et ne pas montrer le respect qu'on a de choses évanouies par l'entêtement que l'on met à vouloir les purifier et les réhabiliter, alors qu'elles ne sont plus rien.

Il faudrait réserver sa passion pour des choses réellement plus nobles, et donner de meilleurs titres à la gloire de la France que d'avoir des races qui sont restées d'un sang immaculé à travers les générations, mais qui n'en montrent plus que des rejetons anémiés et impuissants. Que l'on garde religieusement le souvenir des preux, que l'on vante les vertus et les dévouements de l'ancienne aristocratie, mais que l'on ne prétende pas nous faire respecter un frêle héritier d'une race illustre, pauvre épave d'un temps qui n'est plus, et en qui tout ne parle que de décadence et de mort.

Ce sont les œuvres de vie qui réclament tous nos soins et toutes nos affections, et ce sont celles-là, hélas ! qui nous laissent froids et languissants. Ce sont les choses mortes ou mourantes qui nous passionnent, et nos passions prennent alors la barbarie des temps où la pitié humaine n'existait pas. *Acaste* est aimable, enjoué, complaisant ; nulle humeur ; il paraît impassible comme le sage d'Horace ; rencontrez-le demain, il sera un tigre affamé de carnage, il n'aura ni fibres ni entrailles ; vous vous en sauverez effrayé.

Puisque nous nous piquons de la douceur de nos mœurs, il faudrait qu'au moins la douceur exclut l'aigreur, la possession de soi, la fureur, et la placidité l'emportement. L'on s'étonne parfois que la grande idée chrétienne ait si peu de force, la solidarité humaine si peu d'efficacité, la sociabilité si peu de vertu, la civilisation un pouvoir si languissant, et que, parmi tant d'hommes qui prient, qui se sacrifient en maintes occasions, qui obligent leurs semblables, qui font profession d'aimer l'humanité, il y en ait tant pour qui l'injustice n'est pas amère, la dureté pas cruelle, la persécution pas odieuse, et qui, par faiblesse, se rendent coupables des plus grosses iniquités.

Il y a, dans ce renversement de tous les sentiments, une possession de soi qui semble parfois effrayante, et l'on dirait que nous ne pouvons plus nous contraindre que contre le bien. Le caractère national se fausse et se perd dans cette ambiguïté. Qu'est devenue cette faculté de nous apitoyer, qui était si naturelle à nos pères, et qui témoignait si bien du grand cœur de la France? Hélas! le vrai Français, l'homme naturel et bon, nous le comprimons, nous en rougissons, nous le renions; les vertus de nos pères étaient des naïvetés coupables, souvent dangereuses; c'est par la clairvoyance, par le rejet des illusions, par l'indifférence, par la crainte des mouvements instinctifs, que nous devons aujourd'hui nous distinguer. Aussi, quand l'on croit s'adresser à des Français, ne trouve-t-on plus guère que des ironistes impitoyables, des sceptiques désabusés de tout, des sphinx impassibles, et des gens qui se donnent l'air d'être revenus de tout, parce qu'ils ont pour maxime de ne s'occuper de rien.

## V

Il reste pourtant en France un goût de chevalerie qui paraît indélébile, mais qui, ne trouvant plus où se fixer, se perd parfois dans de singuliers fanatismes dont les esprits lucides sont confondus. Il y a des gens qui aiment à mener des croisades ; on se fait des monstres de certaines catégories de citoyens : ce sont eux qui corrompent tout, qui ont des mœurs et des maximes attentatoires à l'ordre public ; on démontre que leur existence est un complot perpétuel ; on en veut aux anciens régimes de les avoir supportés ; on est effrayé de la masse de leurs méfaits ; on est tout près de demander leur forclusion et leur extermination ; et l'on est tout étonné, lorsqu'on va au fond des choses, de ne trouver, dans cet échafaudage d'iniquités, qu'une manière un peu différente d'adorer Dieu, de s'habiller, de se tenir dans les rues, d'organiser sa vie ou de faire le commerce.

D'autres s'enferment dans de mystérieux enclos, dont ils font de vraies tanières par le soin qu'ils mettent à n'être ni vus ni devinés. Là on célèbre des sortes de mystères d'Isis, on échange des serments, on prononce des mots cabalistiques, on jure l'anéantissement de la superstition et le triomphe de la raison; et c'est au nom de cette raison, qui se rit d'eux, que ces illuminés confondent dans un même et général anathème tous ceux qui pensent librement, tous ceux qui raisonnent pertinemment, et tous ceux qui croient à quelque chose.

Les uns et les autres consacrent leur vie, leurs peines, leurs sueurs à sauver la société. Que deviendrait-elle s'ils ne veillaient pas, s'ils n'étaient pas toujours aux aguets, s'ils laissaient l'ennemi pénétrer dans la place? On devrait trembler en songeant à quoi pourrait mener une défaillance de cette précieuse surveillance. Mais l'on n'y pense pas, l'on est ingrat, l'on croit qu'on jouit naturellement de la sécurité, quand tant de chevaliers se dévouent pour vous la procurer.

C'est ainsi que le Français est condamné à vivre dans un effroi perpétuel : s'il avait la tranquillité d'esprit, il semble qu'il dérogerait. S'il n'avait pas la légèreté et la gaieté, il serait le plus malheureux parmi les malheureux qui peuplent notre terre.

Heureusement le fanatisme français est d'une essence particulière. Il nous est difficile de haïr, et nous songeons toujours plutôt à conquérir qu'à proscrire. C'est l'amour de la conquête qui nous rend parfois violents ; et voilà pourquoi ceux qui nous disent fort sagement que nous ne devons avoir que le seul souci de notre conscience ne nous persuadent pas ; nous n'apprécions notre opinion que si elle est conquérante ; le talent de ramener les hommes est le seul qui nous flatte absolument ; il nous faut une extrême sagesse ou un détachement extraordinaire pour y résister. Ce don de prosélytisme est tellement dans notre nature, que le Français conquiert sans le savoir et sans cesse. Cette persuasion devrait nous détourner à jamais des moyens violents, car ceux qui nous résistent ne peuvent le faire que par des mobiles peu sérieux, et il faudrait leur laisser le temps de se rendre, sans vouloir forcer leur défaite.

Mais la passion de posséder les hommes est plus forte chez le Français que chez tout autre, et c'est ce qui lui donne parfois l'apparence de l'intolérance, lorsqu'il n'y a qu'un besoin irrésistible de conquérir. Si nous sommes généralement aimables, ce n'est pas tant pour rendre les rapports plus doux et plus aisés entre les hommes que pour les posséder plus facilement.

Cette complexion d'esprit donne la clef de bien des singularités dont les esprits superficiels s'étonnent. On trouve, par exemple, les Français beaucoup plus divisés que les autres peuples ; les haines y paraissent plus fortes, les rancunes plus âpres : cela vient que, lorsqu'ils ne peuvent pas se pénétrer mutuellement, ni satisfaire ce besoin de séduction et de conquête qui les étreint, quoi qu'ils fassent, ils se ferment les uns aux autres par dépit ; ils paraissent alors ennemis irréconciliables, et semblent d'autant plus divisés qu'ils sentent plus le besoin de s'entendre.

Il est à remarquer, du reste, qu'on ne voit guère en France d'entêtements individuels. Il faut que l'on s'égare ou que l'on se singularise en compagnie, que l'on suive immodérément un certain parti : c'est alors un ragoût dont un grand nombre sont friands. Mais, si l'un ou l'autre s'abîme trop dans son sens, et que, tout en croyant avoir raison, il ne voit personne derrière lui, il est rare qu'il ne juge pas qu'il s'est trompé ; et voilà pourquoi les chefs de partis sont si absolus, et se croient si infaillibles, parce que, voyant autour d'eux tant d'adeptes et de complices, ils croient avoir autant de fois raison qu'est grand le nombre de ceux qui les suivent.

De là vient que beaucoup de gens s'imaginent que se tromper en compagnie n'est pas se tromper, et ils le croient sincèrement, et l'on en induit aisément que la pluralité des voix fait les causes bonnes; l'on finit par ne pouvoir admettre qu'il y ait une parcelle de raison dans les minorités; pour avoir raison il faut avoir le nombre. Ce n'est pas que l'on se trompe tout-à-fait dans cette opinion, car les causes justes finissent toujours par conquérir tout le monde; mais l'on en conclut trop facilement que le bon sens ne peut exister qu'en gros, et que la sagesse de quelques particuliers ne compte pas.

Ce qui est vrai de nos idées l'est aussi de nos sentiments. Il faut que notre cœur, pour sentir comme il le doit, se mette au diapason des passions dominantes, et l'on ne peut comprendre que nous soyons justes, miséricordieux, charitables, compatissants, ni que nous ayons de la pitié *particulièrement*. C'est presque un complot contre la société que d'éprouver de pareils sentiments. De même qu'il ne faut pas avoir plus d'esprit que tout le monde, de même il ne faut pas avoir plus de sensibilité, et quand nous nous singularisons par quelque idée d'équité, de charité, de fraternité, qui n'est pas dans le courant du vulgaire, nous nous isolons, nous nous dressons en antagonistes, et c'est ce qui prouve que nous avons tort.

Mais autant le Français se croit fort quand il partage l'opinion générale ou le préjugé courant, autant il s'en détache avec aisance quand cette opinion devient chancelante, et quand certaines opinions, jusqu'alors isolées, tendent à prévaloir. Il ne manquait, en effet, à ces opinions que d'avoir le nombre ; en conquérant le nombre elles conquièrent en même temps la vérité. L'idée qu'il a pu errer avec le gros troupeau ne le rend pas défiant contre la pluralité ; il est heureux au contraire qu'une parcelle de bon sens, égarée dans quelques cervelles, finisse par conquérir tous les suffrages ; il n'attendait que cette conquête pour s'y rallier.

Ces dispositions d'esprit donnent toutes les facilités d'esprit désirables pour se déjuger : aussi cette transformation n'est-elle jamais pénible ; il n'est pas besoin d'arguments d'avocats pour cela. Au besoin même l'on démontrerait qu'en y regardant bien ce n'est pas nous qui nous sommes déjugés : ce sont ceux qui pensaient solitairement, et dont l'opinion a fini par être celle de tout le monde.

## VI

Il y a néanmoins des gens qui ne respirent pas notre air ou qui affectent de ne pas le respirer : ils sont de notre temps et n'en sont pas. Parlez-leur de nos nécessités, des idées courantes, de l'opinion du jour, ils sortiront comme d'un rêve. Ce sont des survivants d'une autre époque ; ils n'eussent pas été déplacés du temps de Pharamond ou de Charlemagne ; le siècle de Louis XIV même est trop moderne pour eux. Et cependant ils vivent et sont nos contemporains, mais ils ont le secret de n'être pas de leur époque. Ils s'entourent d'une atmosphère médiévale ; on s'étonne de ne voir autour d'eux ni pages ni héraults-d'armes ; et quand on les voit endosser notre costume, prendre la coupe et la figure de nos voisins, entrer dans nos voitures, parler notre jargon et adopter nos modernes civilités, on croit qu'ils s'oublient, qu'ils se contrefont, et l'on souffre pour eux de cette contrainte ; on voudrait leur voir de longues robes, des cottes de mailles, ou bien des hauts-de-chausses et des perruques.

Il est bon qu'il y ait de telles épaves, car elles nous font sentir combien nous marchons. On ne saurait plus, par exemple, comment les hommes ont pu s'engouer pendant si longtemps de la chimère de l'union du trône et de l'autel, du culte et du cérémonial monarchique, des tyrannies de ce que l'on appelait autrefois *le monde*, et de toutes les vanités de la Cour, si ces hommes ne venaient en témoigner devant nous.

Ce n'est pas que, pour bien des choses, ils ne soient pas de notre temps. Il sauront, par exemple, mieux que qui que ce soit, mener une affaire, gérer leur fortune, adresser leurs prières et leurs hommages au dieu Mammon qui règne aujourd'hui, et prendre à notre civilisation tout ce qu'elle leur offre de commodités et de plaisirs. Mais, à côté de cela, ils déploreront la perte de l'antique simplicité, les ravages de la science et du luxe, les faux mirages du bien-être et la mort de la foi.

Pour peu que vous les pressiez, vous leur ferez avouer qu'ils sont en avance sur leur siècle, que le regret du passé est le commencement de la sagesse, et que le monde doit leur savoir gré de ranimer les us et coutumes du bon vieux temps.

## VII

A côté de ces travers d'esprit, il faut noter celui des gens qui exhument, et qui passent leur temps à faire revivre des spectres. Que n'exhume-t-on pas aujourd'hui ? Un tel est désespéré de ne pas savoir comment Descartes ou Bossuet se couchaient ou se mouchaient ; il fouille les bibliothèques pour démêler cette importante question ; et ceux qui croient connaître les vieux auteurs et les grands hommes ne connaissent rien. Ce n'est pas tout de savoir comment ils pensaient et écrivaient, il faut savoir comment ils s'habillaient, mangeaient, marchaient ou dormaient.

On tient pour peu de chose ce qu'on connait d'eux et qui a fait leur réputation; il faut trouver de l'inconnu, de l'inédit. Quel trésor que l'inédit ! C'est avec cela qu'on refait une réputation aux gens, qu'on recrée des génies, qu'on renverse des légendes, et qu'on fixe la renommée. Vous croyez que Pascal, Molière, Corneille, Racine, La Bruyère vivront pour leurs « Pensées », leurs comédies, leurs tragédies, leurs « Caractères » ; c'est une erreur : ils vivront par un billet, un mot, une ébauche, que vous avez trouvés, que vous tenez en main, qui sont crasseux, et que l'on n'épelle que fort malaisément, mais que vous ne donneriez pas pour cent mille oboles.

Aussi assistons-nous à de singulières vicissitudes dans le monde des lettres et des arts. On croyait que tel grand homme était généreux, affable, charitable, simple et bon homme ; et voilà qu'on vous apprend qu'il était ladre, incommode, égoïste, raffiné et tyrannique : vous ne savez plus où vous en êtes, vous doutez de votre mémoire, des leçons qu'on vous a données, vous pleurez sur des idoles brisées ; et tout cela parce que tel folliculaire a tenu à vous prouver qu'un grand homme n'est souvent qu'un fort petit homme.

Vous vous enthousiasmez aussi sur la perfection d'un chef-d'œuvre ; tout y est à point, rien n'y est omis ; nul effort, rien n'y trahit le travail, l'oreille et la raison en sont charmés. Hélas ; que vous voilà naïf et arriéré. Ce n'est pas ce qui est fini qui est beau. Les essais, les ébauches, les traits de lumière furtifs, les négligences, les incorrections mêmes, voilà ce qui est naturel, voilà ce qu'il faut admirer, voilà ce qui décèle le génie, voilà ce qui fait les Maîtres.

D'autres se plaisent et se délectent dans l'*à peu près* : tout ce qui est précis leur fait mal : cette précision, à leurs yeux, est marque de fausseté ; ils se complaisent dans ce qu'ils n'entendent point, et dès qu'une chose devient claire ils s'en défient. Ne leur parlez pas de Pascal, de Bossuet, de Voltaire, de Thiers, qui écrivaient pour se faire comprendre, de Haydn et de Mozart qui étaient la limpidité même, d'Ingres et de Corot dont les tableaux se saisissent à première vue : non ; il leur faut des symboles, des énigmes, du vague, de la diffusion, du mystère, et cela les met fort à l'aise pour juger du mérite des artistes, puisque leur plus grande valeur, à leurs yeux, est de ne pouvoir être compris.

## VIII

Avec tous ces préjugés, l'éducation du Français n'est pas aisée, et pourtant que de gens s'efforcent de le façonner, de le polir, de le discipliner, de l'instruire ! c'est une profusion de maitres, de docteurs, de professeurs, de précepteurs, de directeurs, et c'est merveille que l'on puisse encore trouver dans quelque coin retiré du pays, un homme qui sache à peine lire. La grosse question de l'enseignement divise la nation. Il ne s'agit pas tant d'instruire le Français que de le dresser. Toutes les institutions, toutes les écoles, tous les collèges, de quelque couleur qu'ils soient, agissent tous, au fond, dans le même esprit, qui est de former des automates plus ou moins intelligents, et de leur inculquer des dogmes qu'on décore du beau nom de raison. Vous voyez partout une nuance d'infaillibilité qui empoisonne toutes les méthodes. Les maîtres sont rares, qui enseignent la réserve, la circonspection, la faiblesse de notre raison, l'incertitude de nos facultés, et qui préparent les enfants à raisonner judicieusement. Non : c'est une souveraineté que l'on établit, souveraineté qui doit faire capituler toutes les hésitations, tous les doutes, toutes les obscurités, et qui explique tout sans difficulté. Pour les uns c'est la souveraineté de Dieu ou de l'Église ; pour les autres c'est la souveraineté de la Science. Tel voudra qu'on raisonne d'après Saint-Thomas, et tel autre qu'on raisonne d'après Descartes. Mais, si l'enfant apprend un jour à raisonner d'après lui-même, ce n'est pas à ses maitres qu'il en aura l'obligation, et l'on se scandalisera toujours un peu en France qu'un homme puisse penser d'après lui.

Pourtant l'on voit parfois de jeunes Français démentir l'éducation qu'on leur a donnée ; mais, en changeant d'enseigne, ils ne changent pas d'esprit. Tel élève des Jésuites se fera Jacobin ; mais, dans ce nouveau rôle, il continuera d'agir en Jésuite ; il mettra sa fille dans les couvents, et fera, d'un autre côté, la guerre aux cornettes et aux crucifix ; il fera élever ses fils par les Pères, et demandera, d'autre part, la démolition de leurs collèges. Un autre criera contre l'Inquisition, et se fera inquisiteur. Tout cela ne choque personne : on serait, au contraire, fort surpris qu'un suppôt des Jésuites devint libéral, qu'un sectateur de saint Thomas raisonnât librement, et qu'un automate se flattât d'avoir du bon sens.

L'on n'arrive pourtant pas, malgré la tyrannie de ces méthodes, à fausser le bon sens français sur beaucoup de points essentiels, et l'on se souvient de la prédiction de Descartes, qui disait qu'avec sa Méthode l'on n'arriverait pas seulement à bien penser, mais encore à faire de bonne cuisine, à bien labourer ses terres, et à guérir ses migraines et ses rhumatismes. Son effort tendait en effet, à nous faire penser et vivre rationnellement. Pourquoi avons-nous si mal suivi ses leçons? Pourquoi mettons-nous tant d'intelligence dans certaines choses et tant d'absurdité dans d'autres? L'on ne voit que rarement, en effet, un Français déraisonner dans l'administration de ses biens, dans les affaires du commerce, dans la direction de sa famille; il raisonne admirablement en géométrie, en physique, en astronomie; il y a même des métaphysiciens très sensés; mais, dès qu'il s'agit de nous administrer, de nous gouverner, nous tombons dans une nuée de sophismes. Pourquoi, dans ce domaine, manque-t-on de base et de boussole? Pourquoi semble-t-il que là l'incohérence, la cacophonie, la folie soient les maîtres absolus des hommes? Ne pouvons-nous avoir du bon sens que dans la géométrie ? Ne pouvons-nous nous entendre que sur la physique ? Y a-t-il une fatalité qui veut que les hommes soient aveugles, ennemis, jaloux, exclusifs et tyranniques, dès qu'il ne s'agit plus, entre eux, de combiner des gaz, de résoudre des problèmes d'arithmétique, ou de calculer la marche des astres ?

Voilà, certes, un grand embarras. Sommes-nous condamnés à être moitié sages et moitié sophistes ? Non, mais ce sont les maximes d'État qui empoisonnent notre entendement. Dès que l'on est dans ce domaine, il semble que toutes les vérités usuelles soient contredites. Il nous paraît aussi difficile de nous conduire dans les choses qui regardent tout le monde, qu'il nous est aisé de le faire dans nos affaires particulières. Nous abdiquons donc avec la meilleure grâce du monde, et peu s'en faut que nous ne soyons fiers que cette soumission nous dispense de raisonner. Il ne nous est même pas dur de nous tromper avec l'État, car une erreur aussi générale implique que nous sommes dociles, mais non pas que nous sommes dupes.

Aussi sommes-nous à son égard aussi indulgents qu'aveugles. Ce n'est pas de ce qu'il ose contre le bon sens général qu'on est surpris, mais plutôt de ce qu'il n'ose pas davantage ; et il est aussi naturel, dans les régions du gouvernement, d'abuser de la force publique, qu'il est peu séant, dans les relations de particuliers à particuliers, d'employer quoi que ce soit qui ressemble à la force.

Pourtant la confusion qu'une telle contradiction jette dans les esprits contribue à engendrer cette quantité de tyranneaux qui pullulent dans notre société, et selon qui les choses ne peuvent se résoudre que violemment. On tremble en les entendant ; on se persuade qu'ils vont mettre le feu à l'univers ; personne ne saura se mettre à l'abri de leurs coups. Mais bientôt l'on voit qu'ils ne font que répéter des maximes d'État qu'ils ne comprennent pas, et que c'est par air et pour paraître de petits Richelieux qu'ils agitent ainsi des foudres et jettent des éclairs.

Il y a plus : notre morale et nos maximes changent avec les climats, et tel, qui serait deshonoré d'être impitoyable pour des Européens, se croit obligé de l'être avec des sauvages. On fera, par exemple, de belles diatribes sur les Droits de l'homme ; on conviendra que notre civilisation nous oblige à de l'équité et à de la douceur envers nos semblables, et l'on va au delà des mers, dans des pays vierges, au milieu des noirs qui, dans leur primitive simplicité, ne connaissent ni nos mœurs ni les nécessités de notre commerce ; on les enchaine, on les surcharge de fardeaux, on les traite en bêtes de somme : plusieurs expirent sous le faix ; ce ne sont plus des hommes, mais des machines humaines qu'on fait marcher jusqu'à épuisement. Le bruit en vient en Europe ; on s'étonne, et l'on est tout surpris que certaines gens vous trouvent plus sauvages que les sauvages.

Le droit de conquête est encore un admirable sophisme pour colorer nos appétits et nos convoitises. On se vante de conquérir humainement, mais il semble que, dès qu'on se pose en conquérants, les nécessités et les brutalités de la conquête s'imposent. On se trouve un jour avoir des droits sur une île ou sur une partie de continent. Aussitôt l'on arme, l'on affrète ; tous les arguments pacifiques s'évanouissent : l'on se présente d'abord en frères, en amis, et bientôt la poudre crache ses engins meurtriers ; les indigènes meurent en protestant ; on s'empare du pays, on y met des citadelles et des forteresses ; on apporte aux habitants les bienfaits de la civilisation, heureux si, pour méconnaitre d'aussi grands avantages, on ne les vexe, on ne les enchaine, on ne les extermine.

Si, dans ces pays lointains, l'on rencontre sur sa route d'autres Européens, ce ne sont plus des chrétiens, en qui l'on devrait reconnaitre des frères : ce sont des ennemis auxquels vous venez disputer le droit d'oppression et d'exaction. S'ils résistent, il faudra que vous cédiez, que vous reculiez, ou bien que vous massacriez ces hommes de même couleur que vous, de même race, dont vous êtes en Europe de bons amis et avec qui vous n'échangez que des politesses.

Les mêmes hommes, au récit de certaines exactions, de certains massacres, entreront en fureur, gémiront et pleureront, déploreront la dureté des temps, adjureront les gouvernants de protester, feront des ligues et des quêtes pour venir en aide aux victimes ; mais lorsqu'un grand ou un ministre viendra leur déclarer que l'État ne peut que gémir avec eux, que sa volonté est enchaînée, et que la pitié n'est pas encore entrée dans les maximes diplomatiques, ils s'adouciront et se résigneront, courront à leurs affaires et à leurs plaisirs, et s'habitueront à l'idée que l'Europe est devenue un coupe-gorge, et qu'un Etat peut, à la face des autres, se purger par le sabre des gens qui le gênent.

## IX

Une grande singularité du caractère français, c'est de ne pas aimer vivre de sa vie propre, et de s'absorber volontiers dans une vie générale et indéterminée, qui est celle de l'État. La sujétion particulière nous déplait ; nous n'aimons pas dépendre d'un homme, mais nous oublions notre indépendance avec une sorte d'allégresse, lorsque l'État nous demande d'abdiquer en lui. Nous avons plus d'orgueil de nous confondre avec l'État que d'être quelque chose en dehors de lui, et l'ambition de bien des gens qui ont toutes les ressources possibles pour être leurs maîtres est d'être les salariés ou les obligés de l'État.

Cette complexion nationale fait de l'État le tuteur, le protecteur, le pourvoyeur universel. Nous ne sommes pas plutôt nés, que nous songeons à acquérir de sortes de créances sur l'État, et des droits à être protégés et secourus. Les hommes qui se tirent d'affaire tout seuls, qui n'ont besoin d'aucun secours d'en haut pour prospérer, devraient être un sujet d'admiration et d'émulation, mais, au contraire, ils font presque scandale. On confesse volontiers que l'État est prodigue, tracassier, paperassier et déréglé, mais lorsqu'on demande qu'il imite quelque bon commerçant, quelque habile manufacturier, qui n'ont pas dans leurs bureaux une tourbe de parasites, qui ne gaspillent pas l'argent, mais qui l'épargnent, qui n'enterrent pas les affaires mais qui les expédient, on vous répond que ce sont là des vertus bourgeoises, et que l'État n'est pas bourgeois.

Au contraire, loin de le décharger, loin de lui simplifier les services, loin de diminuer cette écrasante tutelle, on lui demande sans cesse davantage, on est presque humillé de ne rien recevoir de lui, on se plaint volontiers d'être oublié ou sacrifié ; et souvent ces mêmes hommes, ces sages conseillers, qui demandent une administration loyale, économe et raisonnable, on les voit réclamer de l'État des services dont souvent ils n'ont pas besoin. Ils auraient l'air, en ne le faisant pas, de toiser, de narguer cette Providence qui veille sur tous, et craindraient, en ne lui adressant pas de requête ni de supplique, d'être de mauvais Français.

Voilà pourquoi l'on s'enorgueillit de l'État comme d'une chose qui prévoit tout, qui organise tout, qui, à chaque instant vous rappelle ce que vous lui devez, qui enchaine le bonheur de la France dans ses multiples rouages. Si vous réussissez en dehors de lui, si sa précieuse tutelle ne vous est pas nécessaire, à la bonne heure, mais c'est un hasard, c'est un cas extraordinaire, qu'il ne faut pas plus proposer à des Français qu'on ne pourrait proposer à la lune de fausser compagnie à la terre, ou aux planètes de se révolter contre le Soleil.

Il y a de plus, dans ce sentiment de dépendance, une sorte de fierté qui est assez naturelle, car ces petites vertus bourgeoises, la règle, l'économie, l'ordre, la frugalité, ne vous distinguent point ; vous êtes confondu dans le vulgaire : vous avez mérité votre bien-être, votre richesse, c'est bien, mais n'en demandez pas davantage. Au lieu que si c'est l'État qui vous a tiré du commun, qui vous a donné l'aisance, la fortune et souvent le mérite, vous êtes sacré ingénieur, diplomate, magistrat, financier, officier : tout le monde le sait ; la trompette de la renommée l'annonce aux quatre coins de la France ; et comment veut-on dès lors que le mérite ignoré, que la maîtrise modeste et indépendante, que la fortune péniblement acquise, que la liberté même avec tous ses enchantements prévalent contre cette enivrante fumée ?

Il arrive même que lorsque l'État est tyrannisé par un parti, qu'il professe des maximes que vous répudiez, qu'il révolte tous vos sentiments, et que vous le condamnez et l'anathématisez du fond du cœur, il n'en est pas moins l'État, la raison suprême ; vous êtes, au fond, rempli d'indulgence pour lui ; vous lui marchandez vos hommages, peut-être, mais non votre confiance ; vous êtes persuadé qu'il est inébranlable, vous lui donnez votre argent sans compter. L'annonce d'une entreprise particulière vous effarouche tout d'abord, mais que faut-il pour vous séduire et vous convaincre ? l'appui de l'État. *Chrysale* est bon père ; il a fondé une belle famille ; il a un patrimoine qu'il a grossi par son économie et par des merveilles de bonne et sage administration ; il aime ses terres, il s'y plait ; vous le mettriez au désespoir si vous lui parliez de les abandonner : il a quatre fils, des provinciaux robustes et bien râblés ; vous pensez qu'il va les attacher à cette terre qu'il adore, qu'il rêve pour eux cette liberté, cette indépendance, qui sont pour lui comme une seconde vie : vous vous trompez ; il ne rêve que d'en faire d'humbles serviteurs, d'humbles satellites de cet État qui, malgré lui, le fascine ; il les arrache à la terre. à ce manoir, à ce domaine, où s'est passée leur heureuse enfance, où ils ont conquis leur robuste santé ; il les encadre dans des administrations, dans des bureaux où ils languissent, où ils s'étiolent, et il les montre avec fierté, disant à tous : « Voici mes fils ; ils étaient faits pour gouverner leurs terres, pour être libres, indépendants ; j'en ai fait des commis ; ils n'ont plus le souci de leur pain, c'est l'État qui les fait vivre ! »

## X

On croit communément que le Français est un être absolument exempt de préjugés ;

mais personne, au contraire, ne s'en forge autant que lui. Ce ne sont pas les idées qu'on emprunte qui font les préjugés les plus terribles et les plus tenaces, ce sont celles qu'on se fait. Il n'y a pas de prétention plus commune que celle d'être un homme à principes. Mais ces prétendus principes sont des tyrannies qu'on subit sans le voir, et nous ne sommes jamais moins autonomes que lorsque nous croyons l'être le plus. Il n'est pas souvent de plus grandes dupes que ceux qui font profession de ne penser que d'après eux-mêmes. Aussi peut-on presque dire que Descartes, qui faisait de tous les animaux autant d'automates, en faisait également de tous les Français, en ce sens que le besoin outré d'évidence entraîne des manières de penser qui deviennent peu à peu des formes fatales de la pensée ; les sages précautions, la discrétion et la réserve que recommandait le philosophe disparaissent peu à peu ; et, à force de ne reconnaître d'autre arbitre que notre esprit, nous nous soumettons docilement à tous les caprices de notre entendement.

La plupart des Français donc, qui croient penser par eux-mêmes, et qui s'en font une grande vanité, ne se règlent que sur le plus fantasque de tous les maîtres. Ils croient avoir secoué l'esprit d'imitation, mais le sens propre les aveugle ; ils croient ne devoir rien à autrui, et cette fausse certitude leur enlève le discernement de tout ce que, dans leurs opinions, ils empruntent aux autres. Ils ne voient pas que s'attribuer, s'approprier certaines idées, ce n'en est pas moins rester tributaires de tout ce qu'ils s'adjugent ; mais ils se persuadent au contraire que faire certaines idées *siennes*, c'est leur donner un cachet d'indépendance et de personnalité, et que les choses ne sont vraies qu'après qu'ils les ont déclarées telles.

De là vient que nous avons à lutter contre tant d'orthodoxies, et que le besoin de nous affranchir de tout mène à tant de petits fanatismes particuliers. Toutefois, quelque attachés que nous soyons à nos opinions, ce n'est pas que le désir de penser comme autrui nous quitte entièrement. Rien ne nous déplait plus que de penser isolément. Nous sommes, au fond, peu certains que ce que nous pensons est juste quand nous ne voyons pas les autres penser comme nous ; nous avons, à la fois, une grande timidité et une grande intrépidité d'affirmation, et il arrive ainsi souvent que nous sommes des libres-penseurs, non pas parce que nous pensons librement et que nous nous attachons à ce que nous voyons clairement, mais parce que nous pouvons faire violence à notre esprit et l'incliner à croire ce que nous voulons.

Mais notre égarement fait que nous ne nous en apercevons pas, que nous croyons toujours ingénûment penser par nous-mêmes et ne céder qu'à l'évidence; et c'est ainsi que l'automatisme se perpétue, et qu'à travers tous les siècles les hommes sont toujours à peu près les mêmes. On se récrie parfois sur la rapidité des changements. Que les modernes générations diffèrent des anciennes! Combien l'impitoyable temps fauche tout! Et pourtant les manières de penser et d'agir se perpétuent malgré le temps, malgré le progrès des lumières, malgré le changement des milieux, malgré l'adoucissement des mœurs. On s'éveille parfois comme d'un songe quand l'on se voit, après avoir rêvé de l'âge d'or, ramené au milieu des tigres et des loups-cerviers. On croyait, par exemple, l'esprit de la Ligue bien enterré; mais voici qu'il repousse des rejetons fort vivaces. Le despotisme de Louis XIV paraissait bien caduc, mais l'on voit refleurir aujourd'hui beaucoup de ses maximes. Le Comité du Salut public paraissait avoir épuisé tous les moyens de faire violence aux corps et aux consciences, mais l'on voit que tous les replis de l'art de tyranniser n'étaient ni connus ni soudés. C'est dans le gouvernement surtout que l'on se trouve dans une ornière implacable. Les moyens de gouvernement sont toujours les mêmes;

un ministre n'est plus un homme, c'est un ministre ; il faut qu'il pense autrement quand il est à son bureau, et quand il est dans le monde. Vous croyez qu'il étudie les moyens de faire le bonheur du peuple : non il étudie Olivarès, Richelieu ou Mazarin.

On parle de pouvoirs modérateurs, mais l'on n'a jamais vu en France de pouvoirs qui sussent se modérer, à plus forte raison modérer les autres. C'est toujours une tyrannie qui s'oppose à d'autres tyrannies. Le despotisme a tant d'attraits que l'on y tombe toujours même quand on veut le bannir, et le peuple, quand il veut se donner des conseillers, se donne presque toujours des maîtres.

Quoi que l'on fasse pour équilibrer, pour neutraliser toutes les tyrannies, il y a toujours des victimes, et le Français peut se croire parfois transporté dans ces pays d'Orient où un caprice du maître décide de tout. Mais il n'en est pas autrement scandalisé, tellement il est dans les maximes de la nation qu'il faut savoir céder au plus fort. C'est le fondement de cet art qu'on peut appeler le « savoir-vivre » politique. Si les vaincus se révoltaient trop dans leur défaite, ils s'en rendraient presque ridicules. Autant ils abusent de leurs avantages étant vainqueurs, autant ils savent être des vaincus, et tout ce qui leur est permis, c'est de se moquer de leurs dominateurs avec esprit. En général ce qu'ils leur reprochent, ce n'est pas de tyranniser les faibles, ni d'abuser de leur pouvoir, c'est de faire du despotisme sottement. Ils s'étonneraient que leurs vainqueurs fussent sages et modérés, ils ne les reconnaîtraient plus ; ils protestent, moins par indignation de ce que l'on fait, que par dépit de ne pouvoir en faire autant, et ils témoignent ainsi, par un acquiescement mal dissimulé, que celui qui est le maître a toujours raison.

Aussi celui qui condamne tous les partis est-il peu compris. Les conciliateurs n'ont jamais fait fortune dans ce bon pays de France. On s'étonne que quelqu'un puisse être assez détaché du pouvoir, assez satisfait d'une condition médiocre, assez insensible aux attraits de la domination, pour admettre que personne n'en profite pour soi ; c'est un désintéressement, c'est une vertu qui confondent, et qui ne font généralement que des sceptiques. On professe bien que, dans notre société actuelle, il n'y a plus de maîtres, qu'il ne doit plus y en avoir ; nous le proclamons sur tous les tons, mais si l'on ôtait à qui que ce soit la perspective de l'être un jour, on plongerait cet homme dans une sorte de désespoir.

Cette souveraineté, que nous croyons avoir déracinée de nos institutions, nous ne l'avons que vulgarisée. Quand l'on a établi la souveraineté du peuple, c'était avec la pensée que personne ne pût plus être souverain, puisque, tous l'étant, nul ne l'était en réalité. Mais cet effacement n'a jamais été compris. On veut, au contraire, que tout le monde soit souverain, ou que chacun puisse avoir la perspective de l'être : c'est là ce qui flatte ; on souffre tout volontiers dans cette attente ; et c'est dans quoi l'on met vraiment l'égalité, car l'on serait naïf à croire qu'elle consiste en ce que nous soyons tous sujets à une même loi ; non, elle consiste à ce que tour à tour nous puissions tyranniser. Que nous opprimions les autres, peu importe, puisque nous consentons à être un jour opprimés aussi.

Voilà pourquoi toutes les Ligues modératrices ou libérales sont vues avec une certaine défiance, car l'on y retrouve si peu le caractère national, on est tellement surpris de voir que certains hommes songent moins à dominer qu'à paralyser toute tentative de domination qu'en vérité l'on ne saurait y croire. On cherche à deviner les raisons de cet aveuglement, et peu s'en faut que l'on ne considère les libéraux et modérés comme des Machiavels en chambre, qui sont des tyrans comme tout le monde, mais qui essaient de déjouer la tyrannie des autres par une fausse abnégation, qui n'est qu'une tyrannie déguisée.

De là vient que, comme nous l'avons dit plus haut, tous les partis ont à peu près les mêmes maximes, et que l'on ne s'étonne point qu'un gros propriétaire puisse prêcher le socialisme et la communauté des biens, qu'un fanatique s'abrite sous les douces leçons de l'Evangile, qu'un homme d'une humeur pacifique ne parle que de guerres et de batailles, qu'un despote ait toujours à la bouche les mots de liberté et de tolérance. L'on trouverait même étrange qu'ils accommodassent leur vie à leurs principes. On laisse cette rectitude, cette conséquence aux hommes à demi sauvages que recèlent les steppes moscovites(1). Mais il suffit d'avoir un peu d'aisance d'esprit pour voir que la vie et les maximes de la vie ne se subordonnent pas, et que les arguments sont de moindres tyrans que les nécessités.

Au reste, la coutume est de juger les gens sur leur manière de vivre. Tous les raisonneurs, tous les sophistes, tous les réformateurs, tous les ennemis de la société vivent à peu près comme tout le monde, sont propriétaires autant qu'il leur est permis de l'être, travaillent puisqu'il faut travailler, jouissent puisqu'il faut jouir, s'insurgent en paroles et rarement en action, et montrent qu'ils n'ont d'immodéré que le langage. Nous n'avons plus de cyniques. Diogène, s'il vivait aujourd'hui, laisserait

(1) Allusion à la vie de Tolstoï.

son tonneau, et demanderait à être propriétaire ou capitaliste.

Nous vivons au milieu des antithèses; on n'entrevoit point de synthèse, et pourtant elle se fait, et se fait bien. Nous avons deux atmosphères, l'une de déclamation, de théorie, de spéculation, l'autre d'action. On croit d'abord cette dernière bien diffuse, bien légère; toute notre agitation se met dans la première; on dirait que c'est là notre milieu, et que nous ne pouvons vivre que dans les rêves que nous faisons; mais finalement nous nous retranchons dans la dernière, et nous nous appliquons le mot de cet Ancien que «pour vivre, il ne faut pas perdre les raisons de vivre.»

## XI

Et pourtant nous n'acceptons plus ce bloc de maximes, de bienséances, de pratiques qui passait autrefois d'une génération à l'autre. Nous sommes devenus éclectiques en bien des choses. Le manque de foi pour la plupart des choses que nous faisons nous rend plus automates qu'on ne l'a jamais été. Nous n'avons plus de convictions ardentes, même pour les choses que nous croyons, et cette indifférence fait que nous nous plions aisément à tout, même aux choses que nous réprouvons. Il est rare que nous ayons encore ces motifs impérieux de faire qui constituaient autrefois l'unité et la moralité de la vie. C'est plaisant de voir comment les esprits entiers et absolus s'agitent dans cette atmosphère de scepticisme et de dilettantisme. Néanmoins nous avons le besoin de paraître convaincus ; nous ne voulons pas qu'on puisse croire que ce soit par automatisme ou par indifférence que nous appliquons telle ou telle conduite de vie ; et alors nous rencontrons ou nous adoptons un autre fanatisme, qui vient, non pas d'une forte croyance, mais du besoin que nous avons de faire croire que nous sommes sincères. Et ce fanatisme a toutes les apparences de l'autre ; il est même parfois plus vif pour la persuasion que nous avons que nous sommes plus maitres de nos consciences et de nos pensées qu'on ne l'était autrefois, et que notre opinion a plus de poids ; et, comme cette conviction est presque celle de tout le monde, qu'on craint plus que jamais la réputation d'esprits légers ; comme, d'autre part, nous ne perdons jamais la passion de convertir, d'évangéliser, d'imposer nos petits dogmes ou nos petites formules, il s'ensuit que nous trouvons bien plus de consciences rebelles, bien plus d'opinions absolues, bien plus de dogmatisme et de fanatisme que l'on en ait jamais vu.

De là ces idolâtries qu'on peut appeler d'opinion ou de commande, qui ne viennent pas de l'aveuglement d'esprit, mais du désir que nous avons de paraître convaincus. Nous savons, au fond, que l'idolâtrie a fait son temps, mais nous croyons en même temps qu'il n'y a pas de meilleur support, pour un ordre social quelconque, que la crédulité des hommes. Nous flattons donc cette crédulité, et nous assurons ainsi cet empire que les choses mystiques ont toujours eu sur les foules. Nous ressuscitons des dévotions mortes, nous réhabilitons des saints perdus dans la nuit des âges, nous modernisons des cultes anciens, nous réédifions des temples de Delphes ou d'Ephèse, nous avons nos antres de la sybille, et, pour vouloir être trop catholiques, nous nous faisons païens. Ces antiques superstitions nous flattent ; nous y prenons un goût d'artistes et de dilettantes, et peu s'en faut que nous estimions plus ces œuvres de la simplicité ou de la crédulité de nos aïeux que les œuvres de la science ou de la raison.

Et nous faisons cela au moment où le formalisme perd de plus en plus de son empire, où les formules conventionnelles se dissipent, où domine impérieusement le besoin de voir clair dans notre esprit et de juger des choses par ce qu'elles sont, et non parce qu'elles paraissent. Mais nous sommes devenus éclectiques. Tel, qui ne jurera que par la science, qui ne croira que par le témoignage de ses yeux, et n'admettra que la raison comme la règle suprême de tout, ira voir une Pythonisse, interrogera des devins, se laissera bercer par des contes de sorcellerie, et trouvera que le Merveilleux peut parfois faire fléchir et dérouter la raison.

On ne sait jusqu'où peut aller cette foi faussée. On ne veut plus de surnaturel en rien, et tout ce qui dépasse ou semble dépasser la nature nous éblouit comme d'une lumière traitresse et fascinante. Nous inventons des actions, des réactions, des fluides de toute sorte ; nous supposons des attractions, des affinités, des répulsions mystérieuses ; notre esprit n'est plus à nous ; on nous le vole, on nous le dissipe, on l'enchaine, on le fait passer dans le corps d'autrui ; le miracle règne en permanence dans nos pensées et dans nos rêveries ; nous ne savons plus ce que nous sommes ou si nous sommes ; et, pendant ce temps, nous calculons très pertinemment, nous faisons des raisonnements très rigoureux, la méthode nous impose ses judicieuses maximes, et nous déclarons que ce qui n'est pas évident n'a pas droit de cité parmi les hommes.

Il y aurait une piquante étude de contraste à faire entre le Français logicien, amoureux de la rectitude et de la vérité, détestant le sophisme, n'aimant pas les nuages, et le Français mystique, inconscient, détaché de toute certitude, n'aimant que tout ce qui est incompréhensible, et mettant l'instinct aveugle au-dessus de tout. On ne pourrait croire que ce soit le même homme. Et pourtant ces deux êtres coexistent, ils se coudoient sans cesse, et ce qui est donné à la crédulité, au dilettantisme, au scepticisme de l'un ne nuit pas à la clairvoyance, à la défiance, à la solidité de l'autre.

## XII

Il y a quelque chose qui désarme toujours le Français, quelque opinion qu'il ait, c'est le beau langage; l'éloquence justifie tout, même les plus mauvaises actions. Ce n'est pas qu'elle nous persuade, mais elle nous flatte; et le sophisme, bien présenté, a toujours un certain attrait qui laisse peu de gens indifférents. Amoureux du beau langage comme nous le sommes, nous serions surpris que le grand art de bien parler ne produisît pas des miracles. Nous ne sommes pas étonnés qu'après de beaux discours un orateur emploie les moyens de l'Inquisition et force les consciences; il n'aurait qu'à demi raison s'il n'imposait pas ses opinions, et cela ne vaudrait pas la peine de parler si bien pour n'arriver à rien.

Voilà pourquoi nous attribuons le don de persuasion et même d'infaillibilité à tant de feuilles, à tant de libelles qui nous inondent. Nous estimons que nous faire une opinion ou la recevoir toute faite est pour nous la même chose, pourvu que nous soyons bien persuadés que celui qui nous endoctrine a raison. Il y a des gens qui sont faits pour raisonner pour autrui, comme il y en a qui travaillent pour d'autres ; il est juste que les tâches soient partagées. Dans cet esprit, nous nous faisons, vis-à-vis de tous, les garants de notre journal, et nous consentons, de la meilleure foi du monde, à nous tromper avec lui.

Aussi sommes-nous tous, au fond, des esprits prévenus, façonnés, et qui craindraient, plus que toute chose au monde, d'être désabusés. Nous devenons ainsi des hommes de parti sans le savoir et sans le vouloir, et, ce qui pis est, nous nous passionnons pour une opinion que nous croyons nôtre, et qui ne l'est pas. Il y a plus : le fait simple, exposé dans sa nudité, ne nous plait pas : nous le voulons commenté par notre journaliste ; la vérité impersonnelle ne nous agrée en aucune manière ; ce qu'il nous faut, c'est la vérité d'après M. X... ou Z..., et la couleur qu'ils savent lui donner.

Il arrive ainsi que le même fait, le même évènement, le même individu, présentés par les feuilles publiques, prennent les aspects les plus divers, et il faut une certaine contention d'esprit pour comprendre qu'elles parlent, ou du même fait, ou du même homme, ou du même discours, ou du même incident, ou du même ouvrage. Tel fera un tigre d'un homme très doux, un orateur sera pour les uns, un sage et pour les autres un énergumène ; un bruit dans la rue sera pour les uns un chariot qui se renverse, et pour d'autres une émeute ; un voyage d'un homme politique sera pour les uns un acte de courtoisie et pour les autres un complot ; un livre qui paraît sera pour les uns les délices des gens de goût, et pour les autres un libelle infâme, bon à être brûlé. Ces dissentiments n'étonnent personne ; au contraire, si tous convenaient du même fait, si tous l'appréciaient de la même manière, si l'esprit particulier de chacun ne se dessinait pas dans les commentaires qu'ils font, on n'aurait plus de foi dans aucun journal.

Car c'est en étant vrais ou en se piquant de sincérité qu'ils se déguiseraient et qu'on ne les reconnaîtrait plus ; et cette bigarrure a le grand avantage de nous donner, sinon l'opinion, du moins la complexion de tous.

Ce ne sont pas, en effet, les idées qui importent, ce sont les passions; la vie politique et sociale est une lutte entre des instincts et des sentiments. Et il n'est pas absolument vrai que ces instincts et ces sentiments ne soient pas toujours de bons guides; il peut se faire qu'une intuition ou un préjugé soient un éclair de prévoyance ou de clairvoyance, et qu'un homme qui croit juger les choses de parti pris ait tout-à fait raison.

C'est là ce qui fait que les haines ne sont pas aussi farouches en France qu'on le croit communément. Il entre trop de passions dans les convictions, et trop de scepticisme latent dans les démonstrations les plus bruyantes pour que l'animosité ne s'amortisse pas au milieu de tant de causes de circonspection et de défiance. On voit bien des gens qui cherchent à se rendre terribles, mais c'est le plus souvent avec une telle gaucherie et une telle contrainte, qu'en vérité on les plaint de se guinder ainsi par plaisir. Mais ils ne peuvent garder longtemps ce rôle; on a tellement besoin les uns des autres, que souvent les victimes que l'on voulait faire se confondent avec les amis, et l'on est tout surpris de donner son salut ou de serrer la main à un homme que l'on méditait d'exterminer.

Néanmoins, un fort préjugé, l'un des plus terribles de tous, le point d'honneur, vient fausser, sur ce point, l'humeur accommodante des Français. Il consiste en ce que souvent, en cas de dispute, on s'en remet, non pas à la raison, mais à la force ou à l'adresse ; et alors celui qui sait bien manier une épée ou braquer un pistolet a raison contre tout le monde. Cette procédure a le mérite d'abréger toutes les contestations, de dispenser de fournir des arguments, et de laisser certains avantages à la médiocrité et à la sottise, qui, sans cet expédient, seraient presque toujours complétement sacrifiées. Il arrive le plus souvent que celui qui a raison succombe; on confesse que le sort a été rigoureux, mais personne ne conteste la légitimité de cette exécution. Celui qui aurait pour lui toutes les raisons du monde, s'il ne s'exposait pas franchement au péril de se voir transpercé, serait déshonoré, et on le punirait de toute la sagesse qu'il peut avoir en le traitant de lâche.

On voit combien ce préjugé atténue tous les dissentiments, car il suffit d'admettre cette justice sommaire pour n'avoir plus la rancune que donne le dépit d'être injurié ou contredit. Ceux qui en meurent ne s'en plaignent plus, et ceux qui survivent seraient encore, en quelque sorte, déshonorés en montrant du ressentiment ; de sorte que, de quelque tort qu'on se soit rendu coupable, on meurt ou on vit en homme d'honneur, et l'on jouit de toute la considération qu'a rarement la raison.

## XIII

Nous avons en nous une férocité latente contre laquelle tous les mouvements d'un bon naturel viennent échouer. Nous avons un vrai ressentiment contre ceux qui ne savent pas gagner leur vie ni se tirer d'affaire. On convient que le pauvre ne doit pas mourir de faim ; mais, s'il ne peut pas travailler ni gagner sa vie, on se scandalisera qu'il vive de ce qu'il trouve ou de ce qu'il prend. Les lois sont faites pour assurer les jouissances à ceux qui les ont, mais non pour en fournir à ceux qui n'en ont pas ; et, quand l'on voit des juges qui ne sont pas hérissés, des magistrats qui essaient de mélanger la justice d'un peu de pitié, l'on s'écrie que tout le sanctuaire des lois s'effondre, et que l'édifice de l'Etat va s'écrouler parce que tel misérable a dérobé impunément une once de pain.

Tous les jours on voit des malheureux sortir du bagne après avoir expié pendant vingt ans le crime d'un autre ; on les acclame, on les plaint, on les couvre de fleurs ; mais l'on ne demande pas si la société n'est pas coupable envers eux, si on ne leur doit pas une réparation, si cette justice tardive n'est pas un déni de justice. On court à ses affaires ; l'on se distrait et l'on s'amuse ; et, pendant ce temps, d'autres prévenus sont traînés devant les tribunaux; on ne suppose pas qu'ils puissent être innocents, on les présuppose coupables, et l'on est tellement sûr de ne pas se tromper, qu'on les envoie à ce même bagne où ils mourront ou dépériront victimes d'une erreur, où d'où ils reviendront un jour pour confondre leurs juges, pour anéantir les édifices d'iniquité, et pour instruire les hommes, qui n'en seront pas corrigés.

C'est une plaisante chose que le dépit de s'être trompé rende les hommes plus cruels au lieu de les rendre plus indulgents. Il serait naturel qu'on se punit soi-même d'une négligence, d'un défaut de clairvoyance, ou d'un excès de précipitation. Mais l'on voit presque toujours que ce dépit charge la culpabilité au lieu de la décharger, et l'on est plus prévenu contre un homme qui vous démontre qu'il n'est pas coupable, que contre un homme qui accepte avec résignation une condamnation injuste.

Il est fâcheux que ni les lois ni la jurisprudence ne prévoient les effets d'un tel dépit. Un magistrat qui juge trop légèrement devrait être doublement coupable, d'abord d'avoir négligé de s'éclairer, et puis d'avoir chargé sa conscience d'une peine infligée à qui ne la méritait pas. Mais il se trouve au contraire que ce magistrat ne se condamne aucunement lui-même, et que le monde ne le condamne pas davantage, puisque tout en ayant montré son incapacité de juger, il continue à juger.

On vante beaucoup tous les recours qu'ont les innocents pour établir leur innocence, mais il est rare que celui qui s'en sert soit jugé bienveillamment. Il vient déranger une justice faite : c'est un importun, et les importuns ne sont pas vus plus favorablement dans le temple de Thémis que dans toutes les classes de la société.

## XIV

Et pourtant il faut que l'on vive dans toutes ces contradictions et dans toutes ces arguties. Il y a des hommes qui les voient peu, et d'autres qui les exagèrent. Que n'a-t on pas dit de l'antithèse des deux Frances devenant peu à peu étrangères l'une à l'autre? Comme si ce qui a été ne devenait pas fatalement étranger à ce qui est! Nous voudrions des Français homogènes, homologues, *homodoxes*, et nous demandons l'impossible. Il y a des gens qui dépassent leur temps, et d'autres qui n'en seront jamais. Il y a même beaucoup à parier que personne n'est tout-à-fait de son temps. Le passé nous sollicite, l'avenir nous dupe ; il y a, dans notre société, une foule de choses qui survivent, d'autres ne vivent pas encore ; elles sont à l'état d'aspiration, de problème ; mais, par une singulière inconséquence, c'est dans ces fantômes de choses que nous vivons ; nous voulons leur donner un corps ; nous nous épuisons à les édifier, à les consolider, à les réaliser, et cependant elles nous échappent, soit en mourant de consomption, soit en n'ayant encore qu'un simulacre de vie ; mais nous croyons que notre attachement les consacre, les fortifie, les vivifie. Aussi ne voit-on que résurrections ou que surrections trop précoces, et ainsi nous devenons sans cesse *anciens* sans le vouloir, ou gens d'avenir sans avoir été modernes ; l'atavisme devient une manière d'être, et l'utopie ou le rêve un pli fatal de notre pensée. L'esprit légiste et tracassier sort de ses cendres, et nous l'appliquons à des nouveautés auxquelles toute idée de force ou d'astuce répugne ; nous rajeunissons le despotisme par les inventions les plus subtiles, et il est à remarquer que les partisans du passé et les chevaliers de la société future se rencontrent dans le même mépris du droit. Ceux qui sont dans l'entre-deux sont surpris de voir que nous ne changeons que de tyrannies ; ils cherchent à tâtons la liberté qu'on ne voit plus, la légalité qu'on étouffe, l'égalité qui n'est qu'un mot. Nous nous débattons dans des préjugés vieux comme le monde, et dans de jeunes préjugés qui ressemblent fort aux anciens; si bien que, si l'on voulait bien compter, dans un Etat moderne, ceux qui sont de leur temps, et ceux qui n'en sont pas, on ne trouverait presque personne.

Il est fâcheux que, ce qui existe ayant si peu de partisans, nous ayons toujours ce qu'on peut appeler la *manie d'établissement*, sans voir qu'au fond, aussi bien les suppôts du passé, que les prophètes de l'avenir, nous ne songeons qu'à *rétablir*. Nous avons toujours la prétention de fonder pour l'éternité, sans nous rendre compte que ce qu'il y a vraiment d'éternel dans les institutions humaines, c'est la contingence et la caducité de tout. « On ne met pas du vin nouveau dans de vieilles outres » disait admirablement Jésus-Christ ; mais cette importante vérité est la seule chose que nous ayons oubliée dans son enseignement. Les hommes ne peuvent rien établir sans évoquer ni ressusciter une foule de choses mortes. Cette irruption ou cette invasion se fait d'elle-même par une sorte de fatalité maligne. Les choses ne sont bonnes qu'en les épurant de tout ce que l'on y met d'humain ; mais ce sont des hommes qui se chargent de cette épuration, et c'est assez dire combien il entre dans cette œuvre de préjugés, de sophismes, de matérialisme, d'aveuglement et d'ignorance.

Habituons-nous donc à n'avoir, dans le bagage des œuvres et des institutions humaines, que des choses bien mêlées, où le passé, le présent et le futur coexistent. Par cela seul que tout s'adapte continuellement au temps, rien ne s'adapte jamais en réalité. Nous ne verrons jamais une époque vivre de la vie qui lui convient. Les uns dépasseront leur temps, les autres rétrograderont. Quant à ceux qui, plus philosophes, croiront fléchir à la nécessité, ils seront encore, en quelque sorte, des étrangers, car, comme ils vont à l'encontre de tous les préjugés courants, personne ne les comprendra.

Il faut rendre néanmoins cette justice aux Français, c'est qu'ils sont, bien plus que tous les autres peuples, aiguillonnés du désir de la convenance et de l'harmonie, et c'est pour sentir très vivement ce besoin qu'ils sont sans cesse en lutte. C'est un peuple organisateur : tout ce qui est inorganique lui déplaît. Il y a des nations qui se plaisent à vivre dans le chaos social, ou qui ne l'aperçoivent pas, ou qui désespèrent de le démêler ; elles prennent peut-être le bon parti, car s'arranger des choses est, au fond, plus sage que de chercher à les arranger. Mais, s'il n'y avait au monde que des hommes de cette complexion, nous ne serions que des automates, et c'est ce que le Français, tout en étant automate sur bien des points, ne peut souffrir. Voilà pourquoi il est le véritable ouvrier de l'humanité, faisant violence aux choses, séparant ce qui est vivant d'avec ce qui est mort ou mourant, éliminant les principes délétères, sacrifiant ce qui est artificiel à ce qui est naturel, crevant des outres gonflées d'air, faisant une guerre impitoyable à tout ce qui est forme ou formule, et cherchant en tout à mettre les hommes dans le vrai. Ce n'est pas là une mince entreprise, car malheureusement le faux a des attraits invincibles. Que de gens sont séduits par des apparences de stabilité, et croient que l'ordre règne là où règnent le silence et la mort! Aussi que d'anathèmes contre les perturbateurs, que de diatribes contre ceux qui veulent dévoiler ce qui doit rester voilé, séparer le bon grain d'avec l'ivraie! Et cependant il est nécessaire que les choses germent et fructifient en leur temps; les fruits d'une campagne passée sont aigres et flétris. Mais nous n'avons que des parcelles de bonne moisson perdues au milieu de restes informes et pourris. Il y a des peuples qui sont de leur temps pour certaines choses, et ne le sont pas pour d'autres. Ils seront bons commerçants, fort savants, habiles dans toutes sortes de métiers, mais seront, d'un autre côté, césariens, militaristes, idolâtres et despotiques. Ils croiront ou feront croire que la ruse, la perfidie, la violence, le mépris des faibles sont des vertus que l'humanité fera bien d'acquérir au risque de déroger. De là cet indigeste mélange qu'on accommode comme on peut, et qui nous présente des adorateurs de la force habillés en bergers, de graves docteurs armés d'une cuirasse, des pasteurs portant un glaive, et des marchands se faisant précéder d'une bombarde.

Il est donc bon qu'il y ait des esprits synthétiques comme le sont les Français, aimant à tout ramener à l'unité, et poussant toujours à la sincérité et à la vérité. La vie dans le faux a toujours quelque chose de précaire. On a beau vouloir s'aveugler à plaisir, se satisfaire d'un formalisme suranné, maintenir des principes caducs, tôt ou tard l'on sent la gêne que cause un tel mensonge. Les survivances n'ont pas la vie ; tout l'appui que nous leur donnons n'est qu'une vaine et fragile protection. Nous serons toujours, il est vrai, des hommes faibles, aisés à séduire, mettant l'essentiel dans les accessoires, donnant la véritable importance aux apparences, et grands matérialistes malgré tout, car la forme est tellement nécessaire à tout ce que nous instituons, le corps est tellement l'essence de tout ce qui est humain, que fatalement nous y sacrifions tout. Mais il y a moins en France que partout ailleurs d'esprits faux, c'est-à-dire que la vie dans l'artificiel, dans l'arbitraire, dans la convention, y est plus insupportable qu'en nul lieu du monde. Nous voulons absolument vivre logiquement, normalement, décemment, si l'on entend par ce mot l'adaptation de notre existence aux nécessités du présent. Le pharisaïsme y est percé à jour, et les contrefacteurs systématiques de la vérité ne peuvent plus s'y prendre au sérieux. Voilà pourquoi l'on peut se moquer des Français, car en adoptant des maximes, des manières, des passions, qui sont le plus souvent des mensonges, ils se moquent assez d'eux-mêmes.

## XV

Dans la démocratie française il y a un retour évident vers l'artifice et la réglementation, et cela est naturel, car la démocratie, laissée à elle-même, tourne fatalement à l'aristocratie. Pour l'en empêcher il faut tout un système de contraintes, de règlements, de maximes draconiennes. Le mouvement démocratique n'implique pas l'aptitude à se gouverner mais l'aptitude à se laisser gouverner. C'est, au fond, une grande abdication de la liberté. De là vient que les libéraux y sont si mal compris. Ce sont des étrangers, des revenants, qui professent de fort belles maximes, mais que l'on ne croit ni que l'on ne comprend pas.

Y eût-il même progrès dans l'idée libérale, les libéraux seront toujours une minorité, car la liberté ne se conçoit qu'avec des rouages sociaux très simples, tandis que la démocratie, loin d'être une simplification, est une singulière complication du problème du gouvernement. Il n'est pas simple du tout que le gouvernement appartienne théoriquement à tous. Cette idée est presque un paradoxe. Le gouvernement simple, c'était celui des pasteurs d'hommes, des législateurs autocratiques; c'est encore le despotisme intelligent, c'est une aristocratie bien triée; mais dès que l'on conçut que tous pouvaient être gouvernés par tous, l'on chercha, à vrai dire, la pierre philosophale dans le gouvernement, car c'était proclamer que tous étaient habiles, tandis que, en réalité, bien peu le sont.

Ce qui est vrai, c'est que tous les autres principes de gouvernement avaient échoué, car ils avaient tous été faussés, et que, dans cette sophistication, ils avaient perdu tout pouvoir de vivre. Il y avait donc une forte présomption pour que la démocratie, qui était le gouvernement du nombre, offrit plus de garantie de capacité. L'idée de la souveraineté de tous plaisait à la raison : elle avait été préparée par des écrits forts éloquents ; il semblait même qu'une sorte de fatalité vous y conduisait, et que, dans le discrédit de toutes les autorités connues, l'autorité du nombre eût un attrait, un prestige irrésistibles, et que c'était se révolter contre le bon sens que de s'y refuser.

Mais l'on ne voyait pas que l'on retombait par là dans l'artifice, car il ne peut être vrai que tout le monde gouverne, et, pour pouvoir gouverner, il faut savoir se gouverner, ce qui est la pierre d'achoppement de toutes les démocraties. Ce fut autrefois le mal d'Athènes de ne savoir se gouverner, et sa démocratie n'eut de moments brillants que lorsqu'elle touchait presque à la monarchie. Aussi les bonnes tyrannies furent-elles le suprême désir des peuples de l'antiquité, et le chef-d'œuvre de l'esprit humain était d'être un bon tyran.

Aujourd'hui la grande difficulté de la démocratie est de comprendre la multiplicité des besoins, les conflits de tant d'intérêts, les exigences de tant de passions, les antinomies du bien-être et de la misère, les nécessités de la matière et celles de l'esprit, de vouloir faire du nouveau et pourtant de ne pas perdre terre, de vouloir changer les conditions de l'humanité et d'avoir affaire à des hommes, d'aider au règne de la nature tout en la violentant, de décréter le bonheur de l'humanité tout en laissant tout un cortège de misères et d'absurdités: voilà, certes, le plus redoutable problème que jamais gouvernement ait osé aborder, et l'on comprend très bien qu'on ne peut prétendre le résoudre qu'avec un singulier mélange de bonne foi et de ruse, de force et de persuasion, de liberté et de despotisme, de chimère et de vérité, de loyauté et de machiavélisme.

Ces nécessités engendrent un état d'esprit qui est loin d'être démocratique dans la bonne acception du mot, et qui, dans le prétendu effondrement de tous les préjugés, n'en est pas moins un préjugé. La saine raison est offusquée par l'intempérance démocratique aussi bien que par l'intempérance de tous les régimes passés. Il est reconnu aujourd'hui que l'on ne peut être démocrate par raison pure. On peut accepter certaines nécessités démocratiques, mais les moyens de les réaliser sont si impurs, se ressentent si bien des vices de notre nature d'hommes, qu'en vérité il faudrait renier sa raison pour les amnistier.

On ne peut donc être vraiment démocrate que par préjugé, et voilà pourquoi les libéraux, qui ont un autre préjugé, ne peuvent admettre qu'une démocratie qui soit conforme à ce préjugé, c'est-à-dire libérale. Mais, le préjugé général est contre eux, parce que la liberté est une plante de serre-chaude qui se ternit et dessèche au milieu du conflit des passions, qu'on la décrète bien, mais sans la comprendre, et que l'aboutissant des luttes humaines sera toujours un despotisme plus ou moins extrême, qui est une conquête sur la liberté, mais non la conquête de la liberté.

On ne sait vraiment comment l'on pourrait arriver à l'abdication du despotisme qui seule ouvrirait l'heure libérale ; mais il semblerait, par tous les exemples que nous avons vus, que la démocratie exaspère le despotisme et l'affine d'une singulière manière. Nous sommes devenus des sophistes, et le droit du plus fort trouve en nous de fort habiles avocats. Le pis est qu'on ne peut donner d'arguments absolument convaincants contre ce nouveau droit du plus fort, parce qu'il est celui du nombre, et que nous ne pouvons nous insurger contre le nombre sans afficher par là notre mépris de la démocratie.

Car la rationnalité de la démocratie consiste à ce que le nombre ait raison, et, s'il y avait une raison quelconque contre cette raison-là, il n'y aurait plus de démocratie possible.

La difficulté est donc d'être des démocrates raisonnables, et voilà pourquoi la graine n'en est pas très répandue. Il faut ajouter que nous ne pouvons l'être sans avoir un brin du préjugé démocratique, et voilà pourquoi nous glissons souvent, sans le savoir ni le vouloir, dans l'ornière du nouveau despotisme.

## XVI

De là vient que notre démocratie est en grande partie, artificielle. On nous a vidés des vieux préjugés, mais pour nous en inculquer d'autres. Un homme qui veut se régler par sa seule raison est aussi déplacé dans ce régime qu'il l'eût été dans la théocratie ou dans l'autocratie. Les esprits indépendants sont étrangers partout, et les juges intègres de la démocratie sont vus d'aussi mauvais œil que ceux qui n'en veulent pas.

Il y a pourtant un acquiescement à la démocratie qui est, pour ainsi dire, fatal, et auquel les esprits les plus indépendants ne peuvent se dérober. Nous ne voulons, dans les institutions, plus rien de mystique. Tout le vieux formalisme, tout l'hiératisme de jadis s'écroulent sous nos yeux. Nous avons beau faire des réserves au nom de la raison, demander des ménagements, des transitions : tout ce passé condamné ne tient plus ; il s'évanouit devant le moindre simulacre de force, et tout le mysticisme d'autrefois est balayé avant que nous ayons pu convenablement y réfléchir.

Cette sécularisation irrésistible est une œuvre de raison : elle date de la tentative de Descartes, elle est toute française, et, comme nous sommes avant tout des esprits logiques, nous ne pourrions la condamner sans mentir, et pourtant elle choque tellement la liberté, elle prend si bien l'aspect d'une de ces forces terribles et brutales comme on en voit tant dans la nature, que nous sommes toujours tentés de protester au nom de la dignité, de l'autonomie de l'homme, et que nous en voulons à la démocratie de ne favoriser que les œuvres de violence, et de ne rien laisser à faire à la douceur, à la persuasion, à la délibération, à la diplomatie.

Mais la sécularisation se fait par des moyens qui lui sont absolument contraires, et nous voudrions redevenir mystiques, dogmatiques, sectateurs du pouvoir divin, que nous ne nous y prendrions pas mieux. Aussi la démocratie prend-elle fatalement un aspect ritualiste dont tous les bons et débauché, l'on n'en est pas moins chrétien.

Ce sophisme, dont peu d'esprits sont exempts, pervertit toute idée religieuse. Il y a peu d'hommes qui ne fassent, en toute sûreté de conscience, beaucoup d'actes dont ils rougiraient s'ils voulaient bien y penser, et il arrive ainsi qu'il faut souvent dépouiller ce faux vernis de christianisme pour être bon, pour être compatissant, pour être désintéressé et pour faire vraiment acte de chrétien.

Mais l'opinion qu'on l'est suffit à bien des gens. Voudrait-on qu'ils eussent des vertus apostoliques quand personne ne les demande, et que le sentiment public leur fait crédit sur leur titre ? *Arsène* estime son curé, fait des dons à son église, exhorte ses serviteurs à aller à la messe, quand lui-même n'y va point ; il laisse sa femme remplir tous ses devoirs, et ne souffrirait pas que ses enfants négligeassent le catéchisme : il se croit chrétien.

*Bélise* ne se prive point d'apprécier son prochain, elle prononce sur les mœurs de ses voisins et de ses voisines ; elle croit de son devoir de les blâmer. Elle trouve que *Fernande* a tort d'aller au bal, quand elle-même se couvre de bagues et de pierreries ; elle critique *Pauline* de faire la jolie, et déclare que ses adorateurs méritent toutes les peines de l'enfer. Mais elle va à la messe, ne manque pas un sermon, donne des conseils à son curé, le blâme quand il fait des gaucheries, et lui désigne telle ou telle pécheresse, lance au besoin des foudres contre elle, et démande à Dieu d'avoir toujours une sainte colère contre les prévaricateurs : elle se croit chrétienne, et tout le monde le croit.

*Alcandre* professe que le Pape est le maître des rois et des empereurs : tous les hommages lui sont dûs ; il ne peut se tromper, il est infaillible, et, quand il a prononcé, tout doit se taire. Toutefois le Pape doit condamner les républiques, dire que l'alliance du trône et de l'autel est indispensable, que les modernes souverainetés sont des usurpations. Mais, s'il s'avise un jour de déclarer que la religion est indifférente aux trônes et aux empires, et qu'elle peut s'accommoder de tous les gouvernements pourvu qu'ils soient bons, le voilà déchu, son infaillibilité s'anéantit ; on le traite de petit esprit, de rêveur, et l'on compte les quelques années de méchant pontificat qu'il a encore à infliger au monde. *Alcandre* se croit chrétien, et bien des gens le croient.

Vous parlerai-je du zèle de *Théodule* ? Il ne rêve que conversions, et n'est pas content s'il n'a pas fait chaque jour quelques

## XVII

De là un singulier état de dissolution et de contrainte, d'anarchie et de compression, qui se remarque chez tous les Français, de quelque parti qu'ils soient. Nous voulons à la fois lier et délier, et nous côtoyons toujours, ou le despotisme ou la licence. Nous aimons l'indépendance, mais nous sommes si craintifs que, lorsque nous sentons que nous ne sommes pas gouvernés, il nous semble que la terre manque sous nos pieds. Aussi la vogue va-t-elle fatalement aux autoritaires. Nous aimons les gens qui commandent, qui exaltent la force, qui considèrent le droit du sabre comme la raison dernière des choses, et nous traitons de rêveurs et de songe-creux les gens qui parlent d'équité, d'accommodement, de paix et de concorde.

Il semble que nous n'ayons plus le droit d'avoir des illusions, et qu'on ne pouvait rêver le bonheur des hommes qu'alors que les fautes de la politique les rendait profondément malheureux. Aujourd'hui, que le bien-être a fait tant de progrès, nous avons une incroyable indulgence pour les choses, pour les institutions qui retardent le progrès. Nous pouvons incontestablement faire beaucoup plus pour ce progrès qu'on ne le pouvait jadis, mais nous hésitons à le faire, nous temporisons, nous ajournons, nous consacrons des choses auxquelles, au fond, nous ne croyons plus; nulle audace, nulle initiative; nous nous vantons d'avoir, il y a un siècle, changé la face de l'Europe et du monde, et nous hésitons à condamner des bourreaux couronnés qui font chaque jour des hécatombes de milliers de nos frères.

Chose étrange! nous avons frayé la voie à toutes les améliorations possibles, et toutes celles qui sont encore possibles nous laissent froids et indifférents. Nous les attendons du temps, de l'occasion, des circonstances, de la bonne volonté des hommes; et, pendant ce temps, les abus se perpétuent, les monstruosités prennent un bon air, les institutions et les pratiques condamnées se redressent, l'absurdité provoque la raison, et peu s'en faut que nous ayons à nous excuser d'avoir voulu ou rêvé un jour que la raison gouverne les hommes!

S'il y avait, dans cette indifférence, une véritable confiance dans l'œuvre irrésistible de la raison, et l'opinion que les hommes ne peuvent que la contrarier par une intervention inopportune, à la bonne heure! il faudrait chaudement s'en féliciter; mais il y a, au contraire, une grande défiance de l'œuvre de la raison. Nous sommes condamnés à rester arriérés, barbares, ridiculement chauvins; nous nous aveuglons à plaisir sur tout le progrès qui s'est fait dans les idées, dans les habitudes, dans le principe du gouvernement; nous ne voulons pas que les hommes soient plus sages que jadis, et nous confessons volontiers qu'ils seront toujours les pires d'entre les bêtes.

L'on ne sait vraiment d'où peut venir ce grand désenchantement au moment où la raison accumule sans cesse ses forces, et où l'homme devrait presque être grisé de trop pouvoir, au lieu d'être désespéré de ne pouvoir rien. Mais il est de bon air de feindre cette déception, et nous croyons être encore de grands esprits en professant que l'esprit ne sert à rien.

## XVIII

C'est ainsi que nous nous plaisons à redevenir des automates, et nous avons beau convenir d'un côté que nous guidons les forces de la nature, de l'autre nous avouons volontiers que nous les subissons. Les retours de la barbarie originelle nous édifient plus que tous les fruits de la culture humaine, et nous sommes plus fiers de constater que l'homme n'a pas changé que de reconnaître qu'il s'est quelque peu perfectionné. Certains esprits se délectent de ces assauts de l'antique férocité ; il ne leur déplait pas de voir dans les hommes des *gorilles* ; le seul progrès qu'ils reconnaissent c'est que ce gorille peut devenir bon, mais l'homme déchoirait à leurs yeux si, tout en devenant plus intelligent, il ne restait pas un singe.

On ne sait vraiment à quoi tient ce grand succès de l'animalité, si ce n'est que, en nous raffinant de plus en plus, nous avons pris le tour d'esprit des anciens sophistes qui, comme on le sait, se plaisaient à ravaler l'homme, et à le convaincre sans cesse d'erreur et d'absurdité. Voilà pourquoi toute une école de philosophes prônent l'*Inconscient*, et mettent l'instinct au-dessus de tout. D'autres analysent l'intelligence et la subtilisent tellement qu'il n'en reste plus rien ; d'autres disent qu'il ne sert de rien à l'homme de voir clair dans ses pensées, et que la conscience est un luxe bien inutile ; d'autres que l'intelligence est un commencement de décadence, et que l'homme doit se presser d'éteindre toutes ces fausses lumières ; d'autres enfin que la réflexion est une distraction fâcheuse, que nous devons nous en garder, et que ce n'est qu'en ne réfléchissant pas que l'on peut arriver parfois à bien penser.

Telles sont les rêveries dans lesquelles le Français de nos jours se complait, mais ce qu'il y a d'étonnant, c'est qu'il mêle à ce besoin de paradoxe la plus grande docilité et la plus grande malléabilité. L'absurdité ne le scandalise plus ; il trouve les réalités aussi plaisantes que les rêves de son cerveau ; il ne se révoltera pas de voir la grossièreté et l'iniquité usurper la place de la délicatesse et de la justice. C'est en maugréant parfois qu'il les subit, mais au nom de quel principe les condamnerait-il, puisqu'il n'a plus de principes ? comment se révolterait-il de voir les choses humaines aussi sottes qu'il les conçoit ? et, puisque les hommes sont des bêtes, comment vouloir qu'elles agissent en hommes?

On voit donc que la culture de l'homme se fait à contre-biais de ce qu'elle se faisait jadis. On se contentait alors d'une demi-lumière sur la nature de l'homme, et ce demi-jour faisait paraître tout beau, ouvrait des horizons enchantés ; tous les éducateurs avaient des illusions, et, si parfois l'animalité apparaissait, elle était une relique de barbarie destinée à disparaître. Toute la culture était un gain sur l'animalité ; on ne craignait pas un artifice salutaire pour écarter l'obsession de la corruption originelle ; toute la civilisation, toute la culture sociale étaient une rédemption ; et, de même qu'on ne pouvait faire son salut qu'en se rachetant des œuvres de la chair, de même on ne pouvait devenir un homme sociable et cultivé qu'en reléguant bien loin les restes de l'antique barbarie.

Aujourd'hui tout le monde parle de culture, mais il ne s'agit que d'inculquer aux enfants et aux hommes des préjugés nouveaux. Nous n'aimons plus précisément l'artifice ; tout tend à nous en dégager ; mais, sur un fonds d'indépendance et même de libertinage, nous réédifions tout un édifice de mensonge et de convention. Les Français oublient que la culture est une conquête des siècles, et que nous ne pouvons être civilisés qu'en conservant pieusement toutes les œuvres et toutes les pratiques de civilisation. Mais, au contraire, nous nous persuadons que la démocratie doit être mère d'une civilisation, et, dans cette illusion, nous ouvrons un abîme entre ce que les hommes ont pensé et fait jadis et ce qu'ils doivent faire et penser aujourd'hui. C'est ainsi que nous avons la naïveté, la maladresse et la grossièreté des enfants.

Nous retournons aussi à l'enfance de l'humanité. Les Spartiates ne nous semblent plus aussi singuliers qu'ils le paraissaient à nos raffinés de civilisation des trois derniers siècles. Nous n'allons pas encore à la communauté des femmes, mais le droit absolu de l'Etat sur les enfants nous parait naturel et logique. Le rigide et inflexible pouvoir paternel a ses partisans, mais il cède devant l'omnipotence de l'Etat. Ce dernier est une idole que nous parons de toutes les dépouilles, de toutes les munificences, de tous les privilèges, de toutes les immunités, de toute la toute-puissance, de toute l'infaillibilité dont a jamais pu jouir la souveraineté. Il nous semble qu'il faille à la société une expression, une condensation sommaire, qui ait l'esprit, la force, l'adresse, l'activité de tous les hommes réunis, et que les hommes ne vaillent pas par leur travail propre, par leur génie particulier, par leur force de volonté, par tous les dons dont ils sont pourvus, mais qu'ils ne vaillent que par ce qu'ils cédent, ce qu'ils laissent à l'Etat.

Cette abdication les dispense de penser, de se perfectionner, de briller, d'être polis et aimables, et de se contraindre en quoi que ce soit. Ils doivent tendre avant tout à ne pas éclipser les qualités de l'Etat, et regarder l'effacement, la modestie, l'humilité, et un peu la débilité comme les caractères du bon citoyen. Ce serait une merveille si cet Etat pouvait être la quintescence de toutes les qualités des Français, mais il arrive, au contraire, qu'il ne les représente que très faussement, et que nous passons, aux yeux du monde, pour despotes, pour guindés, pour solennels, pour tracassiers, tandis que nous sommes, à bien nous connaître, aisés à vivre, souples, peu formalistes et fort accommodants.

## XIX

Ne croyons donc pas que nous allons à l'affranchissement de l'homme. Nous ne nous sommes débarrassés jusqu'à ce jour que d'un formalisme parfois puéril, mais nous marchons à un formalisme de fer. Tous les réformateurs, tous les empiriques, tous les prétendus amis de l'humanité ne nous offrent que cette perspective. Nous n'aurons plus ce despotisme voilé de fleurs et de grâces que nos pères ont connu : nous aurons un despotisme franc, brutal, qui se glissera partout, dans les rapports des hommes entre eux, dans les affaires, dans la politique, et même dans la religion. Le mépris des formes ne peut produire que la grossièreté, et, si nous ne sommes pas réellement difficiles avec nos égaux, nous avons, au fond, une telle envie de l'être, que toutes les précautions que nous prenons pour nous déguiser tournent contre nous.

Aussi notre vie est-elle semée d'une foule d'inconséquences. N'ayant plus l'art aimable de feindre et de nous composer, nous nous déguisons maladroitement ; nous sommes gauches, empruntés, et nous donnons ainsi bien plus dans l'artifice que nos ancêtres, car ils étaient arrivés à être polis naturellement, tandis que tous les efforts que nous faisons pour le paraître montrent trop combien il nous est naturel de ne l'être pas.

C'est dans ces déguisements forcés que le défaut de principes nous joue bien des tours. Nous voyons que nous ne pouvons pas vivre dans la dissolution, qu'il nous faut, coûte que coûte, des règles et des formes, que la société a besoin d'un lien, que les dépendances, les égards, les bienséances sont dans la nature des choses ; mais, comme nous avons tout rejeté, il nous faut tout ressusciter. Nous nous efforçons alors de donner de la flamme à ce qui n'a plus de vie, et il en résulte que ce que nous cherchons à sauver paraît d'autant plus conventionnel et artificiel. Ce n'est pas tout d'être policé, mais il faut l'être avec conviction. Ces formes que nous ressuscitons ont le défaut de ne paraître que des formes, tandis qu'autrefois elles étaient l'essence de la vie sociale. On croyait, en étant poli, être dans le vrai, dans la nécessité, dans la fatalité de la condition humaine, tandis qu'aujourd'hui nous en doutons, et tout ce que nous affectons de politesse n'est qu'un stérile hommage donné à l'esprit d'une humanité disparue.

Mais ces restaurations de politesse se fondent, en quelque sorte, sous nos yeux, parce que, quoi que nous fassions, nous avons brisé avec le passé. L'ancienne politesse était un commerce avec les bons esprits de tous les temps. L'on empruntait aux vieux Egyptiens, aux Grecs, aux Romains des maximes de savoir-vivre, et l'on était policé parce qu'on était classique. Que de trésors de bon sens, de bonne vie, de saine philosophie nous ont laissés les Socrate, les Epictète, les Marc-Aurèle, les Sénèque, les Cicéron, les Plutarque, et après eux les Amyot et les Montaigne! Aujourd'hui on ne les connait plus; les Anciens se ferment de plus en plus pour nous; les générations nouvelles ignorent presque qu'il y a eu autrefois une Grèce et une Rome. Le culte de l'antiquité est devenu, comme la religion, un préjugé, et toutes les générations qui se sont nourries de cette vieille et bonne moëlle sont méprisées ou méconnues. On croit trop volontiers que l'homme peut, avec sa raison, réédifier une civilisation, découvrir, à lui seul, toute la vérité, et que les belles et bonnes pensées de nos ancètres sont fort jolies à étudier, mais ne servent de rien.

Voilà pourquoi nous manquons de ce liant, de cette solidarité, de cette fraternité, qui venaient, chez nos pères, du respect de l'héritage laissé par les grands esprits des temps anciens. Nous nous vantons d'être des hommes nouveaux ; aussi, n'ayant plus aucune attache avec les générations passées, dédaignant la culture qui est le fruit des siècles, nous avons toute la rudesse, toute la suffisance qu'ont des êtres nés d'hier. Nous ne pouvons plus avoir l'amour des hommes parce que nous ne les connaissons plus ; comme les enfants, nous n'écoutons que nos appétits, et nous n'avons plus le sens de cette *humanité* dans laquelle des milliers de générations ont cherché des joies et des consolations.

C'est pour cela que ces saines études, qu'on appelait si bien les *humanités*, sont méprisées et délaissées, et l'on ne peut pas dire qu'un grand coup n'ait été donné par là à l'esprit français. Car le véritable héritier des doctrines de l'antiquité c'était la littérature française. Tous nos grands écrivains en ont été imbus. et c'est assurément dans les démocraties anciennes que nous aurions pu chercher les meilleures leçons. Mais, si nous y songeons, nous n'y puisons que des maximes de despotisme, et nous dédaignons cette culture, cette politesse, si l'on peut ainsi parler, dont les Athéniens, par exemple, étaient si jaloux, au point que leurs femmelettes mêmes, au dire d'un Ancien, se reconnaissaient à la pureté et à la délicatesse de leur langage. Si nous voulons être des démocrates policés, c'est donc là qu'il faudra aller chercher nos exemples.

## LA POLITIQUE ET LES POLITICIENS

### I

Les affaires publiques nous préoccupent peu en France, mais nous aimons à laisser croire qu'elles nous préoccupent, et de là le goût de la politique, qui n'est qu'une manie de disserter sur des choses que nous n'entendons point, de mêler l'Etat aux affaires qui ne le regardent aucunement, d'inspecter les consciences, de suspecter les actions, bref de brouiller tout, de faire les entendus, de débiter des niaiseries sur un ton d'oracle. On peut éviter bien des fléaux, mais le plus difficile, c'est de se mettre à l'abri des politiciens.

*Hermogène* n'est ni cruel ni tracassier, mais il a un dogme : le gouvernement, à ses yeux, ne peut être que monarchique. Demandez-lui en les raisons, il ne vous dira rien, mais son siège est fait : un seul homme peut conduire les hommes. Si vous le pressez, il vous racontera les prouesses des anciens pasteurs d'hommes, et vous dira que le gouvernement des Pharaons a été le meilleur de tous. Il ne vous parlera ni de Tibère, ni de Néron, ni de Caligula, ou dira qu'on les a calomniés, et que jamais le monde n'a été plus heureux que sous la paternelle administration des plus mauvais des Césars.

*Clitarque* n'a pas le même préjugé : il veut être moderne et le dit à tout le monde, mais il hait la République, et trouve que ce n'est que par un contre-sens grossier qu'elle peut vivre. Il admire le savant agencement des pouvoirs sous le régime parlementaire, fait des Constitutions géométriques comme l'abbé Sieyès, place l'initiative d'un côté, la délibération d'un autre, et l'action d'un troisième, et déclare que, si l'homme sort jamais de cette merveilleuse machine, il se noie. Vous lui dites que cet admirable système, c'est la République ; mais il sourit, hausse les épaules, et retourne à son alchimie politique.

« Je m'accommoderais de la République, dit *Oronte*, si elle était *conservatrice* », et, par ce mot, il entend un gouvernement qui laisse vivre tout ce qui est vieux, tout ce qui est caduc, tout ce qui tombe en poussière. Il veut bien que l'enseigne change, mais que l'ancien régime reste. Il trouverait la République admirable si elle avait des lettres de cachet, des privilègiés, des prisons d'Etat, des prébendes et des abbayes bien rentées.

*Athénodore* en veut à la République parce qu'elle existe : elle ne doit pas exister ; elle doit être ce que sont, en mathématiques, ces hypothèses boiteuses qui se résolvent en quelque chose de bon et de solide. « Nous boitons, s'écrie *Athénodore* : comment se fait-il que nous boitions depuis plus de trente ans, et que nous ne puissions pas enfin reprendre notre assiette ? »

*Alcippe* n'a pas à plaindre de son sort ; il est bien établi, bien renté ; il a des terres et des titres, mais il trouve la société mauvaise ; c'est son avis ; il le déplore amèrement. Comment comprendre que la misère existe dans un pays où il est si facile d'être riche, où l'on a tant de moyens de bien vivre ? et il énumère ces moyens ; dans son système le capital et le travail se donnent la main, tout le monde s'enrichit, la médiocrité et la gène disparaissent, la terre devient un Eden. Il débite sa panacée dans tous les endroits où il se montre, les gens fuient devant ses diatribes, et il est seul à voir combien les grandes réformes qu'il préconise sentent l'ennui et font bailler ses auditeurs.

*Eraste* a le goût des choses officielles ; rien, à ses yeux, n'est solide ni sérieux que ce qui émane d'un gouvernement ; il trouve qu'il n'y a de sagesse que dans les arrêtés et dans les décrets. Certaines proclamations le font pâmer d'aise, et il ne saura rien dire, contre toutes les raisons que vous lui donnerez, que ce simple mot : « C'est officiel. » L'estampille officielle, pour lui, couvre toutes les injustices, toutes les iniquités. Si vous voulez faire quelque entreprise, il vous arrêtera par un texte, vous mettra en garde, vous préservera de l'abîme où vous voulez vous précipiter ; vous serez tout surpris d'avoir été si téméraire, si subversif en faisant relever un mur ou en bornant un champ.

*Antisthène* trouve qu'un homme n'est complet que s'il est sénateur ou député ; tous les autres mérites ne sont rien à ses yeux. Parlez-lui d'un savant, d'un homme de lettres, d'un professeur, d'un manufacturier, d'un bon agriculteur, il fera une moue dédaigneuse ; mais quand il voit quelque petit clerc de province passer sur le corps des gens les plus dignes d'un pays, il ne se contient plus, il exulte, accable le nouvel élu de ses compliments. « Voilà un homme ! » s'écrie-t-il ; et il pense à part lui-même, qu'un sort capricieux pourrait aussi un jour faire de lui quelque chose.

*Dorante* passe ses journées à supputer les hommes dignes et les indignes, c'est-à-dire ceux qui méritent ou non d'entrer au Parlement, d'être favorisés de la manne officielle, d'obtenir quelque grasse prébende. Il les classe, il les trie, il fait des catégories de purs et d'impurs, il les désigne au peuple et lui dicte ses choix. Il ne faut pas que ceux qu'il propose fassent un certain signe, ou prononcent de certains mots, parlent à Pierre ou Paul, ou aillent dans certains endroits : les voilà disqualifiés. C'est vraiment dommage, à ses yeux, que *Cléanthe* aille au temple, visite le château, salue certaines personnes ou sourie à d'autres ; il était bien près d'être *digne*, de mériter l'investiture de *Dorante*, mais le voilà perdu, et par sa faute, pour être trop franc et trop loyal.

La politique aigrit tout. Les ennemis politiques sont plus âpres, plus féroces les uns envers les autres que n'importe quels adversaires. Le *mur mitoyen* ni la belle robe de Madame la *baillive* ou l'*élue* n'ont plus l'exclusif privilège de brouiller les bourgeois ou les bourgeoises. C'est pour comprendre d'une manière ou d'une autre l'art de gouverner ou de tyranniser les hommes, qu'on se suspecte, qu'on se quitte, qu'on se dispute et qu'on s'assomme.

Il y avait telle petite ville qui, il y a trente ans, faisait les délices de ceux qui l'habitaient. Les relations y étaient aisées. On s'y classait bien un peu ; les questions de préséance n'y chômaient pas ; mais, au fond, on riait de ces distinctions futiles. Les habitants se voyaient, mangeaient, se

promenaient, travaillaient ensemble ; il n'y avait d'inimitiés réelles que chez les plaideurs incurables et chez les femmes coquettes. La sombre politique l'envahit un beau jour ; des clubs, des comités, des orateurs de café s'y installent ; voilà nos gens désunis, divisés, défiants ; la scission se met jusque dans les familles ; on ne parle que de se haïr et de s'exterminer ; il n'y a plus aucune place pour l'homme sage, qui réunit contre lui les colères de tous. On n'y peut plus vivre qu'en s'enterrant, et encore combien de pieds de terre pourraient-ils vous garder contre les dents et les griffes des politiciens ?

« Pourquoi, dites-vous à *Clitandre*, pourquoi vous cachez-vous ? pourquoi vous résolvez-vous à n'être qu'un bourgeois ? pourquoi n'êtes-vous qu'un simple électeur, et non pas un élu ? Vous êtes riche, vous êtes estimé, vous faites du bien, tous les malheureux ont en vous un appui. Vous êtes bien autre chose que *Callimaque*, un nouveau-venu, qui ne sait quel est le pays qu'il représente, qui n'a pour lui qu'une faconde d'avocat, et qui serait sur la paille si l'Etat ne le payait : c'est vous qui méritez de représenter les hommes qui vous aiment et qui ont confiance en vous. » Oui, mais *Callimaque* est désigné par une poignée de tyranneaux qui disposent des communes, des cantons, des arrondissements de France. « Voulez-vous, vous répond *Clitandre*, que j'aille me mesurer avec des gens qui bannissent le mérite, qui n'estiment que la servilité et la platitude, qui empoisonnent l'esprit du peuple, et qui n'ont d'autres armes que la délation, l'invective et l'injure ? Non, non, j'aime mieux rester peuple. » Il le reste, et vous l'approuvez.

On croit que certaines gens ambitionnent la confiance de leurs concitoyens pour leur être utiles, pour contrôler les dépenses publiques, pour mettre de l'ordre dans l'administration et dans les finances. Non, c'est pour vivre à Paris, pour tenir table ouverte, pour parader dans les ministères, pour voyager gratuitement, enfin pour avoir l'air d'être ce que l'on n'est pas.

*Horace* roule carrosse, donne à diner, occupe la meilleure place dans les chemins de fer, gourmande les commis des ministères, et figure le premier dans toutes les fêtes du pays. Il faut que vous ayez beaucoup de mémoire pour vous souvenir qu'il n'était, il y a un an, qu'un petit commis, qui portait des habits rapés, qui ne marchait qu'à pied, et allait diner dans les tavernes.

On comprend que beaucoup de députés hésitent à supprimer les places qui paraissent à tous inutiles. Il serait à craindre qu'on en vînt à apprécier les services qu'ils rendent, et c'est pourquoi ils laissent croire que, sans les sous-préfets, les trésoriers généraux et les juges inoccupés, le pays irait aux abîmes.

Ceux dont la mission serait de diminuer les charges du pays se gardent de le faire pour ne pas supprimer une foule de bonnes retraites où les anciens élus du pays, aujourd'hui reniés par le pays, trouvent une consolation et d'excellents moyens de vivre. *Oreste*, naguère représentant du peuple, nargue aujourd'hui l'inconstance et la versatilité de ses commettants dans un bon poste de trésorier général. Il est bien payé, on l'adule, il a d'habiles commis qui calculent pour lui ; il ne craint plus rien de la Fortune, il est heureux. Il ne se doute pas que, dans ce poste qu'il vient occuper d'un air de conquérant, il torture et rend malheureux bien des gens, c'est ceux qui le méritaient.

On croit communément que le poste de député donne à ceux qui le conquièrent tous les talents. On ne s'étonne pas qu'un député évincé devienne préfet, homme de finance, ingénieur ou professeur ; et, ce qu'il y a d'étonnant, c'est que souvent il est, en effet, un bon administrateur, un excellent financier, un magistrat parfait, un homme de lettres fort passable. C'est le hasard, c'est le jeu de la politique qui, de rien, en ont fait quelque chose.

*Euclide*, qui n'était qu'un petit avocat, est créé d'un jour à l'autre ministre. Peu importait pour lui le choix du ministère ; dès aujourd'hui il est habile sur tout. L'administration, le commerce, les finances, la diplomatie, l'agriculture, la guerre, la justice, n'ont plus de secret pour lui. C'est presque dommage qu'on l'ait cantonné dans une spécialité, tellement il sait tout. Il démontre qu'il ne faut souvent que beaucoup de suffisance et de faconde pour éblouir les gens, pour se donner l'apparence d'une grande science, et que, en général, les hommes se paient plus de mots que de bonnes raisons.

*Euryale*, sur les bancs du Parlement, n'était rien. On ne le remarquait pas ; il ne parlait pas ; il votait en automate ; jamais un bon avis sur rien ; on le confondait dans la tourbe des non-valeurs parlementaires. Le hasard en fait un administrateur, voilà un homme sage, avisé, plein de pensées fécondes, parlant avec autorité et agissant avec décision et habileté. Vous ne le reconnaissez plus. Est-ce là cet homme que vous ne remarquiez pas, qui ne disait mot, qui avait toutes les apparences de la stupidité, et qui devait, selon vous, son investiture à l'inintelligence de ses électeurs ?

Les procédés administratifs jouissent en France d'une prérogative admirable. On admet qu'ils soient lents, tâtillons, que les affaires dorment ou se noient dans des dossiers ou dans des tiroirs, que les postulants se morfondent dans les anti-chambres, qu'il faille presque être suppliant pour revendiquer son bien, que le public soit aux ordres de quelque commis subalterne. On serait presque étonné que les affaires s'y traitassent et s'y liquidassent avec promptitude et avec méthode, que les fonctionnaires s'y considérassent comme les serviteurs du public, que l'ordre et l'économie y fussent de règle, que la courtoisie et la politesse remplaçassent la morgue et le dédain : on trouverait que l'Etat se fait trop bourgeois.

Vous admirez cette maison, cet établissement : tout y tend au bon ordre et à l'économie ; il n'y a d'employés et d'ouvriers que tout juste ce qu'il en faut ; les affaires s'y règlent promptement et délibérément ; les clients et les étrangers même y sont traités en amis. « Voilà, dites-vous, le modèle d'une administration sage et habile : rien de superflu, rien d'obscur ; chacun y est à sa place et agit en pleine lumière ; rien ne s'y perd, rien n'y dort ; tout s'y résout à son rang, et tout y respire un air de prospérité. N'est-ce pas ainsi que les grandes affaires devraient être gouvernées ? et quel plaisir, pour les administrés, de savoir qu'on ne songe qu'à leur épargner des frais, des soins, des longueurs et des ennuis! » Vous vous retournez du côté de l'Etat, vous n'y voyez que gaspillage, qu'emplois inutiles, que lenteur, que manque de méthode, que prodigalité, qu'impuissance : vous vous récriez, et vous vous demandez si ce sont bien les mêmes hommes qui font si habilement leurs affaires, et qui s'acquittent si mal des affaires de tous.

De là vient que chacun se persuade qu'il peut voler l'Etat en sûreté de conscience. Tel qui serait bien malheureux de léser son voisin d'un centime ou d'une aune ne se fait aucun scrupule de dissimuler, de mentir, de dérober, d'être même souvent faussaire quand il s'agit des affaires publiques. Il devrait s'en cacher, en rougir comme d'une action malhonnête, mais il dort parfaitement tranquille sur ces méfaits, et, qui pis est, il est content de lui.

Il est sûr de la complicité du public qui, au fond, ne le blâme ni ne le décourage. Il s'agirait des intérêts du Grand Turc, que le Français ne serait pas plus détaché, plus indulgent, plus insouciant. Dites-lui qu'en encourageant ces agissements il se vole lui-même, il ne vous comprendra pas.

Si vous le pressez, il vous avouera que l'Etat ne doit pas au public l'économie et la bonne administration. Il lui doit des places, des services, des faveurs, des rentes.

S'il était ménager, s'il se piquait d'ordre, d'équité, de juste discernement, que deviendrait cette nuée de solliciteurs qui demandent tout pour eux, qui ne font nulle attention au mérite, qui, comme les parasites, dévorent les corps sur lesquels ils se placent, et qui croient que, s'ils sont bien pourvus et bien rentés, le monde marche à souhait ?

*Antiphon* ne rêve que d'être décoré. Il s'estime beaucoup lui-même, mais il est persuadé qu'un ruban lui donnera une valeur extraordinaire. Il voit *Démophon*, un rustre, attirer à lui tous les regards et tous les hommages parce qu'il a la poitrine fleurie. Ô que ne serait pas le grand *Antiphon*, si, en dehors de tous ses mérites, il pouvait montrer ce bout de ruban dont le désir le mine et trouble son sommeil !

Les politiciens forment une bonne moitié de notre beau pays de France. Du fond de sa chambre on défait les ministères, on règle le travail du Parlement, on arrange ou l'on aigrit les différends, on décide de la guerre ou de la paix. *Aristagoras* est tout surpris que tel ou tel ministère survive à ses invectives, que le Parlement vote une loi qu'il condamne, qu'un différend s'apaise et se règle quand il l'a déclaré insoluble. Le voilà tout déçu.

Pourquoi faut-il que les gouvernants ne raisonnent et ne prévoient pas aussi bien que lui ? Pourquoi faut-il qu'une voix si précieuse ne soit pas écoutée ? Pourquoi faut-il que le monde marche en dehors des plans du grand *Aristagoras ?*

« Moi, s'écrie *Timanthe*, je suis au-dessus de ces déceptions ; je sais, je prévois tout. » Et il vous raconte comment il a su se glisser dans telle ou telle anti-chambre, interroger tel ou tel commis ou laquais, se dérober derrière un rideau ou une embrasure, surprendre des conversations ou des confidences mystérieuses, et sortir du ministère gros d'un beau secret. « Je ne vous le dirai pas, ajoute-t-il; mais attendez les événements et vous serez surpris de ma prévoyance. Je n'avance rien à la légère. J'ai prédit la chûte de *Séthos*, et il est tombé ; on le croyait immortel, et il est mort ! »

Après la phtisie et la consomption, le désir d'être informé est la maladie qui travaille le plus de gens. On ne saurait croire combien l'appétit de savoir un événement le premier peut torturer un journaliste ou un publiciste. On soudoie des limiers pour se glisser dans les palais, dans les anti-chambres ministérielles, dans les ambassades ; ils épient le moindre signe, le moindre froncement de sourcil, le moindre mot d'un personnage en renom.

A-t-il souri, vous voilà triomphant ; son front s'est-il rembruni, vous voilà sombre et perplexe ; laisse-t-il échapper quelque mot, voilà un secret, voilà une révélation, que vous consignez sur vos tablettes, que vous annoncez aussitôt à l'univers, tout étonné d'apprendre que telle Excellence a mal dormi, qu'elle a des soucis, et que l'Europe est en danger.

Lorsqu'un évènement n'a plus la nouveauté, il a beau être extraordinaire, il n'a plus rien qui séduit ni qui passionne. Un homme qui d'abord était un héros, que l'on acclamait, que l'on portait aux nues, après deux ou trois jours n'est plus rien. De même la plus belle action ou le méfait le plus atroce deviennent en quelques heures un fait banal dont l'on parle comme d'une antiquité, d'une chose antédiluvienne. D'où sortez-vous pour admirer encore *Xénophane* qui tirait d'un brasier une femme évanouie, ou pour maudire *Hiéron* qui déshonorait lâchement et violemment une enfant? Il faut être tombé de la lune pour s'y intéresser encore.

Voilà pourquoi les choses vieillissent si vite. Nous croyons qu'en courant à la nouveauté, nous nous refaisons nouveaux avec les choses. Les gens qui n'en sont pas friands ont beau être sages ; on trouve qu'ils radotent. Il faut savoir parler de l'évènement du jour ; si vous n'en parlez pas, ou que vous n'en parlez que demain, vous retardez, vous datez, vous n'êtes plus de votre temps.

*Timocrate* est avide de savoir ; il dépêche des courriers dans tous les sens ; les nouvelles lui arrivent avec la rapidité de la flèche ; il sait tout, et ne sait pas ce qu'il faudrait savoir, c'est que l'on n'est jamais plus crédule que lorsqu'on brûle d'être informé.

De là vient que tant de gens ne vivent que dans l'avenir. Leur existence se passe en conjectures ; ils veulent toujours être à demain. Quand tous les bruits du jour leur sont connus, ils ne vivent plus, mais attendent de vivre ; leur vie est un perpétuel escompte sur le temps ; ils sont suspendus entre le connu et l'inconnu, comme ces oiseaux migrateurs, qui, au retour des frimas, ne sont plus véritablement nos hôtes, et ne sont pas encore ceux des pays que caresse un éternel soleil.

Celui qui consent à ignorer est une singularité dans ce temps de fièvre générale, mais quels avantages n'a-t-il pas sur tous les coureurs aux nouvelles ? Il est tranquille, il jouit du présent, il trouve que, les hommes étant toujours les mêmes, c'est folie de guetter sans cesse quelque épisode de l'éternelle comédie. Il préjuge, sans le savoir, que *Diphile* sera sot, que *Céphas* sera dupe, que *Xénocrate* sera habile, qu'*Iphis* sera faux, que *Cléanthe* sera plat, et cela lui suffit.

La grande nouveauté serait que les hommes devinssent sages ; il vaudrait alors la peine d'être curieux, et l'on n'aurait jamais assez de courriers ni de journaux pour annoncer cette bonne nouvelle.

Quand nous aurons la paix perpétuelle, quand les Etats consentiront à se désarmer, quand la justice règnera dans les prétoires et dans les tribunaux, quand la fraternité s'établira entre les hommes d'un même pays et ceux du monde entier, quand les gouvernants administreront en bons pères de famille, quand on sera plus amoureux de la vertu que du scandale, quand l'on aura un peu de pitié pour les maux d'autrui, alors les nouvellistes auront leur jour de triomphe, et la politique sera ce qu'elle doit être, le bon sens appliqué au soin des intérêts de tous.

## II

Il n'y a pas d'abri contre les gens qui veulent savoir. Méfiez-vous de la renommée ; que votre nom soit aussi inconnu au monde que celui des gens de la planète Mars. Si, par un malheur, on commence à parler de vous, faites-vous une tour d'ivoire, élevez autour d'elle trois rangées de murailles, demandez au serrurier le plus habile tout ce que l'art de la clôture a pu imaginer de plus subtil, de plus déconcertant ; vous croirez être en sûreté ; on vous assiégera, on vous pénétrera, on vous atteindra. Vous ne vous appartenez plus, vous appartenez à l'homme qui vous dévisage, qui vous interroge, qui vous vide de tout ce que vous voudriez cacher. Vous fuyez, vous vous dérobez, vous vous enterrez : peine inutile. Les termites ne sont pas plus adroits, plus tenaces, pour faire des mines, pour saper toutes les retraites, que ces hommes terribles qu'on appelle des *reporters*. Vous gémissez, vous êtes maussade, vous vous mordez la langue, vous vous cousez la bouche, vous vous révoltez, vous mettez l'indiscret à la porte, il rentre par les fenêtres, il élit domicile chez vous, vous êtes chez lui, vous devez parler et vous confesser ; votre silence même est un aveu, car, si vous ne vous décelez pas, on fera de vous un portrait imaginaire : vous serez, aux yeux du public, ce qu'il lui plaira que vous soyez. Vous êtes mélancolique, il vous fera gai ; vous êtes folâtre, il vous fera sombre comme un inquisiteur. Il n'y a, pour vous, de remède que de vous livrer et de mettre votre réputation sous la garantie de ce terrible homme. Ah ! que la célébrité se paie cher ! et combien l'on est porté à la dédaigner et à ne pas la convoiter, quand l'on pense qu'en n'étant rien, on peut être tranquille chez soi, consigner sa porte, éconduire tous les fâcheux, et garder pour soi tous ses secrets !

Ce qu'il y a d'admirable, c'est que le *reportage* met toutes les célébrités au même rang. On a autant de déférence à interroger un filou, un assassin, qu'un apôtre ou un saint. Dès que vous vous signalez, soit pour un crime, soit pour un acte d'héroïsme, vous êtes intéressant : votre cas est un *état d'âme* qui fait pâmer d'aise les *psychologues*, et Dieu sait ce que nous en avons ! Il faut que le public sache d'où vous sortez, quels ont été vos parents, vos amis, vos fréquentations ordinaires ; si vous êtes d'un tempérament sanguin, bilieux ou nerveux, si vous êtes devenu criminel ou vertueux par degrés ou d'emblée, quelles sont enfin vos pensées de derrière la tête, par quelle logique ou quelle fatalité vous avez abouti à être ce que l'on voit. On est aussi fort curieux de savoir les réflexions ordinaires et le régime de vie d'un monstre ou d'un héros ; et là-dessus certains vous absolvent parce que vous ne saviez ce que vous faisiez, ou vous admirent moins parce que, si vous êtes vertueux, vous ne vous en doutez pas.

Il y a un temps où le crime était le crime et la vertu la vertu, mais aujourd'hui ce sont des phénomènes fort attrayants ; et, si l'on n'avait pas de monstres, en mal ou en bien, l'on serait fort ennuyé.

A force d'analyser et de subtiliser, on est arrivé à ne plus voir les confins des actions vertueuses ou des actions vicieuses. Êtes-vous sûr que *Polémon*, qui a tué son père et sa mère, n'était pas fait pour être un juste ? Il s'est trompé de voie : l'exaltation l'a porté au mal au lieu de le porter au bien, et c'est par un jeu de hasard qu'au lieu d'être un bienfaiteur du peuple il est devenu un assassin.

Voilà les jugements qui se débitent dans le monde. Quel plaisir n'est-ce pas d'être un *automate*, de n'avoir pas de conscience, et de ne pas savoir ce que l'on fait ! On n'a plus la pénible et délicate nécessité de juger, de peser, d'apprécier les actions ; on n'est plus ni léger, ni téméraire, ni injuste. Les hommes ne sont plus des loups quoi qu'ils agissent souvent en loups, ni des anges puisque, en l'étant, ils le sont par prédestination.

Mais il y a plus : on a conçu de nos jours la jolie doctrine de l'*atavisme*, suivant laquelle nous sommes, par moment, inconsciemment et invinciblement, ramenés à l'animalité primitive. Cet atavisme conspire contre les psychologues trop engoués de l'esprit pur, et voilà pourquoi ils ne sont pas plus des saints que le reste des hommes. Il n'était pas nécessaire d'inventer cette doctrine pour prouver que les philosophes ont leurs faiblesses. Mais l'on croyait autrefois que c'était pour avoir momentanément oublié leur philosophie qu'ils s'abandonnaient à ces faiblesses ; au lieu que nos modernes psychologues ne philosophent jamais plus que lorsqu'ils sont sur le point d'en commettre. C'est là le grand danger de cette nouvelle philosophie, car ce n'est pas en s'oubliant qu'on devient criminel, c'est par une suite de raisonnements au bout desquels le crime est fatal et irrésistible. De sorte qu'on n'est plus libre, quand l'on raisonne bien, de ne pas être criminel, et la seule chose qui pourrait vous sauver du crime serait un mauvais raisonnement.

C'est ainsi que beaucoup de nos héros de crimes, que nos modernes Lovelaces arrivent à glorifier leurs faiblesses, et à bannir tout remords sous prétexte qu'ils n'ont fait que suivre la pente de leur esprit. Comme si ce n'était pas précisément cette complaisance pour leurs opinions, pour leurs instincts, qu'il faudrait combattre ! Comme si la résistance à nos penchants n'était pas le fondement de la vertu ! Ils croient que s'ils démontrent qu'ils ont été conséquents avec eux-mêmes, il n'y a rien à leur reprocher. Mais ils oublient que le plus souvent les actes de vertu sont d'heureuses inconséquences. C'est assurément un grand plaisir de retrouver l'*homme* dans l'être artificiel que nos institutions, nos doctrines, nos préjugés nous font; mais cela ne prouve pas que ceux qui arrivent à *dépouiller le vieil homme*, comme on dit, fassent un mauvais calcul, ni que les coquins, avec toute leur logique, soient bien intéressants.

Car enfin, s'il est vrai, d'après ce principe de l'atavisme, que nous soyons toujours attirés vers notre animalité primitive, à quoi sert la philosophie? serait-ce à aider cet atavisme à faire de nous des animaux? serait-ce à prouver que nous n'avons ni force ni vertu, ni rien pour résister contre nos penchants? Belle mission, en effet, si, par cela même qu'il se connaît mieux, l'homme n'avait pas pour but de se rendre meilleur! Autant vaudrait retourner dans les bois.

Ces doctrines, qui se répandent dans tous les milieux, qui contaminent beaucoup d'ouvrages réputés pour être très sérieux, montrent à quel point nous sommes infectés de fatalisme. C'est un miracle que nous puissions encore avoir quelques hommes d'action. Et quelle précieuse ressource que cette inconséquence qui nous sauve du marasme et de la torpeur ! Nous professons, avec beaucoup de sérieux, que nous sommes *conditionnés* de partout, mais nous le croyons si peu, que nous brûlons sans cesse de montrer notre indépendance, et que nous jugeons fort librement ceux qui nous ont voués à la fatalité et à l'esclavage.

## III

Il est une science qui, de nos jours, a pris une importance singulière, c'est celle de savoir tout. On ne se contente plus de savoir que la terre est habitée par une certaine quantité d'hommes, que les uns sont blancs, noirs, jaunes ou cuivrés, qu'ils se divisent en hommes et femmes, que l'humanité se partage en un certain nombre d'Etats, grands ou petits. On veut savoir quel est exactement le nombre des hommes, le nombre et les plus subtiles différences des races, ce que les Etats recèlent d'humains de toutes catégories, ce que les déserts mêmes, dans leurs mystères, cachent de sauvages insoupçonnés, la quantité minutieuse de ceux qui parlent un langage ou un autre, quelle est la taille, la forme du visage, la couleur des cheveux, combien il y a de mâles et de femelles, d'enfants, d'adultes et de vieillards, de paysans et de citadins, d'ouvriers et de patrons, de lettrés et d'illettrés, de gens robustes et de valétudinaires; on aligne des chiffres interminables, on fait des divisions, des subdivisions et des superdivisions, on entasse catégories sur catégories; et quand l'on a fini cet écrasant travail, on s'aperçoit avec effroi qu'on a oublié tel individu, telle créature, tel élément; l'on recommence et l'on demande au Ciel qu'aucun revenant ne vienne troubler une si belle, une si rare ordonnance.

*Palmyre* est né recenseur; il recense tout, les hommes, les bêtes, les arbres, les fleurs, les pierres et jusqu'aux brins d'herbe. Il n'est content que s'il sait, à point nommé, ce que telle ville, tel village, telle contrée recèle d'hommes, de femmes, d'enfants, d'hommes faits, de vieillards, de chevaux, de vaches, de cochons, d'oies, de canards et de poules. Il vous dira combien telle maison renferme d'ais, de planches, de chambres, de greniers, et ne se taira pas sur le nombre des tuiles. Passant aux villes, il vous renseignera minutieusement sur le nombre des rentiers, des prolétaires, des patrons, des ouvriers, des soldats, des artistes, des artisans, des ecclésiastiques, des laïques, des célibataires, des mariés, des illettrés, des lettrés, des noirs, des bruns, des blonds, des gens nerveux, sanguins, bilieux, pléthoriques, phtisiques, dyspeptiques et asthmatiques. Il ne se trompera pas jusqu'à confondre un Iranien avec un Touranien, un Sémite avec un Aryen, un Gallo-Romain avec un Celte ou avec un Basque. Avec lui vous êtes classé, vous avez beau faire ; vous croyiez être tout bonnement Européen, Français ; détrompez-vous, vous êtes Celte, et bien Celte.

D'autres calculeront la fortune de chacun, évalueront vos biens, supputeront le nombre de vos domestiques et de vos fermiers, diront comment vous vous nourrissez, ce que vous employez à vos menus plaisirs, ce que vous payez à l'Etat, ce que vous donnez comme aumônes. Vous aurez beau vous cacher, entourer votre maison d'un triple mur, la *statistique* vous suivra partout ; vous appartenez à la science corps et âme. Quelle lacune dans les états, dans les registres publics, si vous aviez le droit de vivre ignoré, si vous n'étiez pas classé, si l'on ignorait que vous êtes catholique, athée ou positiviste, si on négligeait de savoir que vous êtes blond, nerveux, anémique, quel est votre âge, et le nombre de vos enfants !

La vie privée n'existe quasi plus. Et que de gens seraient désolés qu'elle existât ! Tel ne s'abonne à un journal que pour avoir la jouissance d'y lire que sa fille a épousé un baron, d'y voir les noms et les titres de toutes les Excellences qui ont assisté au mariage, la description des toilettes, et l'énumération des cadeaux qui ont été offerts.

La vanité est plus forte que le besoin d'être tranquille chez soi. On aime que l'on parle de vous avec défaveur, même avec mépris, pourvu qu'on en parle.

Aussi le métier de beaucoup de gens est-il de scruter tous les secrets des familles, et de savoir mieux que vous d'où vous sortez et de qui vous tenez. Vous apprendrez avec surprise que votre aïeul était marchand, que votre père était commis, que votre mère avait été lingère ; peu s'en faut qu'on vous démontre que vous n'êtes qu'un fils naturel ; vous aurez beau montrer vos titres et vos certificats, on n'acceptera qu'avec défiance que vous soyez bien né.

Ce n'est plus une hardiesse d'être indiscret, c'est presque une vertu. Que de choses vous déroberiez au public, que de documents vous raviriez à la littérature, quel rapt vous feriez à la science de l'homme s'il vous était permis de cacher les lettres ou les écrits d'un grand homme quelconque de qui vous tenez ! Votre ancêtre ou votre parent ne vous appartient plus : tout ce que vous dérobez de lui au public est un vol que vous lui faites.

Jadis il était de bon ton de ne louer que les morts et de ne jamais encenser les vivants. Ce n'était qu'à l'Académie qu'on pouvait faire rougir les récipiendaires du nombre et de l'excellence de leurs qualités et de leurs vertus. Aujourd'hui le besoin d'écrire, d'analyser, de peindre fait qu'on ne s'abstient pas de louer les sujets vivants. Tel auteur ou tel artiste est tout étonné de se voir analysé dans une feuille publique. Il est forcé d'accepter ce qu'on lui suppose de qualités et de projets ; on lui démontre ce qu'il devrait faire, on lui dépeint le champ qui est assigné à son génie, on le met en garde contre certaines tendances qui ne doivent pas être les siennes, si bien que souvent notre homme dévie et s'engage dans une voie fâcheuse pour ne pas démentir le bel horoscope qu'on a tiré de lui.

On croit que la démocratie est le règne de l'envie. Erreur, elle est le règne du panégyrique. Jamais l'on a loué ni célébré tant d'hommes que de nos jours. Les statues, les inscriptions remplissent nos places et nos rues ; l'on est émerveillé du nombre de nos grands hommes. Vous voyez, en vous promenant, resplendir un nom, se dresser un buste ; vous vous approchez ; le nom vous est aussi inconnu que celui d'un homme de la lune, et l'effigie est celle du premier venu. Vous vous en voulez d'ignorer à tel point l'histoire, et vous rentrez chez vous un peu dépité d'avoir ainsi appris par hasard que la France a un grand citoyen de plus.

Il n'y a pas une commune en France qui ne se considère comme déshonorée de n'avoir personne à honorer. Qu'a-t-elle fait à la Nature pour être ainsi déshéritée ? La graine des grands hommes n'est-elle pas universellement répandue ? Aussi, en cherchant bien, finit-elle toujours par trouver son grand homme qu'on verra bientôt coiffer une fontaine ou orner le fronton du palais municipal.

## IV

Il suffit de nos jours d'avoir de l'audace pour faire tout accepter. Un homme qui braverait héroïquement le ridicule, qui serait constant et inébranlable à affirmer une chose, qui aurait assez de confiance dans l'habitude pour croire qu'elle consacre en fin de compte tout, qui enfin saurait de quelles platitudes les hommes sont capables, un tel homme se ferait passer pour Roi de la Lune sans nulle difficulté, et aurait des flatteurs et des courtisans.

On ne saurait croire à quel point le sentiment de la moquerie s'émousse, et combien un homme qui prend sérieusement son rôle communique peu à peu son sérieux aux plus inébranlables sceptiques et aux plus effrontés rieurs.

Nous avons vu de nos jours un notaire se faire roi d'Araucanie. On se moqua un instant de ce tabellion gascon égaré parmi les Peaux rouges, mais il tint bon et régna; on l'appela Sa Majesté ; il se garnit la tête de plumes un peu plus brillantes que celles de ces sujets ; il eut une Cour et des ambassadeurs, et, n'était sa peau qui était restée blanche, on l'aurait cru un fils du Soleil aussi bien que Montézuma et Guatimozin ; il ne lui a manqué que des enfants rouges pour fonder une dynastie.

Tel autre s'appelle aujourd'hui «Empereur du Sahara ». Il lui a déplu qu'une région aride aussi grande que l'Europe restât sans maître. Il a vu aussi que cette domination ne ferait guère de jaloux. Il règne donc sur des myriamètres carrés de sables, de rocailles et de brandes : ses sujets ne lui font pas de misères, et il est aussi tranquille qu'un potentat peut l'être. Il fera peut-être un excellent prince quand il règnera sur autre chose que sur des pierres et sur du sable.

Nous nous moquons de ces exaltations fantaisistes, mais c'est qu'il ne nous a pas été donné d'assister à la naissance d'une dynastie ; nous ne voyons que ce que le temps a consacré, que ce que le préjugé a affermi, que ce que la coutume a solidifié ; mais on est fondé à croire que beaucoup d'entre ceux qui ont réussi à fonder des empires n'ont été au début que de sublimes farceurs. On ne fait rien dans le monde si l'on n'a pas une robuste opinion de soi ; on ne devient un chef que par l'obstination que l'on met à se faire croire supérieur aux autres. Les hommes n'acceptent une domination que lorsqu'elle a confiance en soi ; ils attendent volontiers que quelqu'un soit assez convaincu de son mérite et de sa grandeur pour se mettre à ses pieds ; ils n'estiment pas les humbles, les sages et cette sorte d'hommes qui cachent leur mérite et craignent de se faire remarquer : leurs hommages vont aux vaniteux, aux superbes, aux sycophantes et aux comédiens.

On se demande souvent par quel mérite des hommes ont pu ainsi s'imposer. Quelles vertus, quelles facultés rares ont-ils apportées en apparaissant au monde ? et qu'ont-ils qui n'eût pu aussi bien appartenir à Pierre, Paul ou Jacques ? Ce ne sont pas eux qui se sont découverts eux-mêmes, ce sont les hommes. Que de génie et de talents on leur a toujours supposés sans que souvent ils s'en doutassent ! On les a cru portés sur les ailes de la Fortune, et ils ne s'étayaient que sur la bassesse et la crédulité des hommes. Qu'a-t-il fallu à bien des fondateurs d'empire pour jeter les bases de leur fortune ? Beaucoup d'audace, une excellente opinion de soi, un grand mépris des hommes, l'instinct de la tyrannie, une grande affectation de gravité, nul sentiment du ridicule ou un courage surhumain pour le braver, assez d'esprit pour faire croire aux hommes qu'on en a plus qu'eux, et assez peu pour affronter sans vergogne les malices et les sarcasmes des gens perspicaces : voilà ce qui a toujours fait le fonds des grandes dominations. Ce que les hommes peuvent accorder à ceux qui les méprisent est incroyable ; ils ne donnent rien ou fort peu, à ceux qui les aiment, qui les ménagent, et qui ne les trompent pas.

Un homme qui ne fait qu'accepter le pouvoir, qui remplit sa charge avec modestie, qui s'en acquitte avec tout le dévouement et l'abnégation possibles, qui commande le respect, et n'inspire pas le moindre sentiment d'envie sera toujours inférieur à celui qui saura s'imposer, qui fera des promesses pompeuses et ridicules, qui mettra beaucoup d'ostentation à faire très peu de chose, qui spéculera sur la servilité des hommes, qui ne manquera pas une occasion de les choquer par sa hauteur, et de leur démontrer combien il est audessus d'eux.

Que de temps et de leçons il faudra encore pour persuader aux chefs d'Etats, à tous ceux qui briguent les fonctions publiques, qu'ils ne sont que des magistrats, des serviteurs du peuple, des esclaves des lois, des gens responsables, et de la confiance qu'on leur accorde, et des libertés qu'ils prennent, et que tout sentiment égoïste, tout regard jeté sur leur personne, tout oubli de la bienséance, tout orgueil qu'ils peuvent manifester d'être ce qu'ils sont, constituent un démenti et un outrage à la majesté de leur fonction !

## V

Le suffrage universel a cela de bon qu'il trahit les maladies nationales ; il ne vaudrait rien s'il n'exprimait que l'opinion des esprits sains Car le corps social a ses maladies, ses aveuglements, et c'est là précisément ce qu'il importe de connaître. Nous avons établi le suffrage universel pour empêcher de nous aveugler sur les aspirations du pays : ne nous récrions donc pas s'il est tout-à-fait sincère. Qui que nous soyons, nous nous attachons à le fausser, car nous désirons qu'il exprime nos sentiments et nos manières de voir, et c'est ce qui en ferait un instrument perfide et dangereux. Le suffrage restreint avait déjà cet inconvénient : il ne demandait au pays que l'opinion des gens à peu près satisfaits de tout ; or c'est celle des gens mécontents qu'il faut avant tout savoir. Le suffrage universel est une médecine amère qu'il faut savoir avaler sans dégoût, et il ne vaudrait pas la peine de consulter le pays si l'on n'en recevait que des compliments.

Il est assez naturel que les interprètes d'une opinion malade ou faussée ne soient pas des esprits brillants, et il serait même surprenant que nos Chambres ne fussent pas peuplées d'esprits faux. Ceux qui voudraient que toutes les lumières du pays y figurassent font un très beau souhait, mais irréalisable, car ce n'est qu'une sélection très habile et très laborieuse qui pourrait nous l'obtenir, mais le suffrage universel est un instrument simple et grossier, qui ne peut donner qu'un diagnostic tout élémentaire. Résignons-nous donc à voir les esprits malades prédominer sur les esprits sains. Celui qui verrait un pays avec la lanterne de Diogène, dont l'œil pourrait pénétrer à travers les toits, comme le *Diable boiteux* de Lesage, verrait exactement ce que le suffrage universel nous montre dans la plupart de ses manifestations.

Mais cela n'implique pas qu'une Chambre élue par le suffrage universel ne fasse que des sottises, car la raison, toute bannie qu'elle est des réunions électorales et des couloirs des Assemblées, se met toujours quelque part, et il est impossible qu'il y ait une majorité sérieuse d'esprits faux. Il est dans l'essence des choses que ce soit toujours la raison qui l'emporte. Une minorité qui a la raison pour elle finit infailliblement par devenir la majorité, et une majorité qui ne s'appuie que sur des arguments faux ne reste pas longtemps la majorité. C'est là ce qui trompe bien du monde, car l'on n'entend parler que de la tyrannie des majorités, mais cette tyrannie ne peut avoir que le cours le plus borné : ce qui a raison ne peut tyranniser, et il n'y a de majorité sérieuse et solide que celle qui a raison.

De là vient que cette course aux majorités est une entreprise folle et stérile, car il n'est pas vrai que le plus fort peut tout ; il faut, outre cela, qu'il soit le plus raisonnable, et c'est là l'écueil de toutes les ambitions politiciennes. Un esprit faux a beau embrasser les causes les plus justes, il le fera avec l'intempérance, la maladresse, l'aveuglement qui le caractérise ; et c'est là ce qui trompe bien des gens, car on s'étonne de voir des causes mal soutenues réussir, on en est scandalisé, et l'on en conclut au triomphe du mal, tandis qu'il est manifeste que ces causes justes devaient l'emporter; elles n'étaient que travesties et gâtées par les sophismes et l'intempérance de ceux qui les soutenaient.

Bien que le suffrage universel trahisse toutes les maladies et toutes les défaillances du corps social, il n'en réalise pas moins une moyenne de bon sens qu'on ne peut nier, car le peuple subit les fatalités politiques avec plus de puissance que ne le font les classes éclairées. Par exemple le courant démocratique s'impose irrésistiblement aux masses, et l'on peut être sûr que tout ce qui favorisera ce courant aura leur appui. Les habiles, les gens éclairés auront beau croire et professer qu'elles sont dans l'erreur ou dans le délire; ils obéiront à leurs préjugés, à des idées toutes faites, à la pente du raisonnement qui est souvent fallacieux, enfin à certains appétits: au milieu de ces contestations, le peuple *démocratisera*, et mettra dans ses choix la logique, la conséquence, la possession de soi-même, et enfin l'autorité, qui souvent manquent aux docteurs et aux raffinés politiques.

C'est une chose étrange que l'influence irrésistible d'une idée vraie. Malgré nos goûts aristocratiques, malgré nos traditions, malgré notre raffinement, nous marchons à un temps où l'homme cultivé ne comptera pour presque rien, et néanmoins la culture d'esprit s'impose et domine malgré tout. On se fait volontiers grossier pour ne pas la subir ; on se déchaîne contre elle par envie, mais elle prévaut quoi qu'on fasse, et il y a une chose qui paraît ne pas pouvoir être démocratisé, c'est l'esprit.

Le petit nombre des gens d'esprit formera toujours une aristocratie qui s'élèvera contre toutes les démocraties bruyantes, indiscrètes, bavardes et médiocres. La médiocrité ne pourra jamais s'installer dans l'humanité, car l'ambition de tous ceux qui gouvernent c'est de n'être plus médiocres. Des sots au pouvoir auront toujours contre eux ceux qui se croiront moins sots qu'eux. Leur règne sera donc très éphémère, et, la sottise ne pouvant rien fonder de durable, ils ne pourront pas avoir plus d'influence que n'en a généralement le manque d'esprit. Si la sottise peut paraître parfois réussir et triompher, ce sont là de ces triomphes dont la raison ne doit pas s'alarmer.

## LES AFFAIRES

### I

Les *affaires* composent une si grande partie de notre vie, qu'on peut dire que, pour certains, elle est toute la vie. S'ils en sortent un instant, c'est, disent-ils, pour se récréer, mais cette récréation devient elle-même une affaire, et ils ont l'esprit aussi tendu aux divertissements qu'aux graves négociations auxquelles ils croient s'être arrachés.

La fièvre des affaires n'a jamais été aussi forte que de nos jours. Ce n'est pas assez que nous nous occupions de nos intérêts ; nous en sommes, à croire bien des gens, de fort mauvais juges. Il faut que nous en croyions M. X... ou M. Z... qui connaissent nos ressources, qui calculent toutes les chances que nous avons de faire fortune, qui nous montrent cet *Eldorado* qui doit nous couvrir d'or, et qui ont mission de nous empêcher de nous ruiner.

A voir cette armée d'*officieux* dont l'esprit a pris domicile dans vos caisses et dans vos bureaux, on dirait que le monde est peuplé d'une myriade d'intendants. Vous êtes fier de vous sentir ainsi prémuni, protégé : vous n'avez qu'à vous laisser vivre : ils spéculent, ils calculent pour vous. Si vous réussissez, c'est qu'ils l'ont prévu ; si vous vous ruinez, c'est, sans doute, que vous les avez mal compris ; leurs précieux conseils ne pouvaient avoir ce fatal effet ; c'est dommage que la Fortune vous ait trahi ; c'est à d'autres maintenant qu'ils iront donner leurs soins.

C'est ainsi que vos affaires ne sont plus proprement vos affaires. On vous enlève vos titres, vos valeurs, on engage vos biens ; vous n'avez plus qu'un papier qui vous rend créancier d'*Argyrion* ou de *Dinocrate*. C'est presque par surprise que vous apprenez qu'il vous revient une somme d'argent, et que ce sont les arrérages de vos rentes qui vous sont ainsi octroyés.

Nous n'aurons donc bientôt plus qu'une colossale affaire, dans laquelle les petits intérêts des particuliers iront se perdre comme les ruisseaux vont s'engouffrer dans le Danube ou dans le Gange. D'immenses établissements nous vendent tout ce qu'il nous faut ; d'autres nous assureront bientôt le vivre et le couvert ; d'énormes banques nous vendent le crédit, et nous assurent notre existence économique. On nous prédit que bientôt nous n'aurons plus besoin d'argent, et que tous nos achats et toutes nos transactions se liquideront par un jeu d'écritures. Le sage *Bias* se retrouverait chez lui dans une société où tout l'encombrant bagage de la monnaie, des meubles et des immeubles, est ainsi subtilisé: « Vous voilà, nous dirait-il, dans la voie de la sagesse. Plus d'accessoires encombrants, plus de surcharge inutile, vous portez toute votre valeur sur vous, vous n'êtes plus accablé du poids de votre richesse, vous êtes riche de ce qu'on ne voit pas, c'est à-dire de vos talents et de votre vertu. Moi, qui ne portais qu'une besace, je croyais avoir supprimé tout le poids inutile de l'homme: vous faites mieux, vous ne portez plus rien, et vous n'avez pour vous que l'opinion d'être riche.»

## II

Les hommes sont généralement jaloux de leurs *affaires* ils ne veulent pas qu'on y jette un regard indiscret; nul ne doit savoir ce que possède *Théophraste;* sa fortune doit être une énigme, et, s'il lui arrive quelque coup de fortune, on en est réduit à le deviner. Mais, à le voir se plaindre, déplorer la modicité des revenus, dire que l'industrie nationale se meurt, demander aide et protection à tous les pouvoirs établis, on se demande si ce sont là les affaires de *Théophraste*, si sa fortune n'est pas une chose publique dont tout le monde doit se mêler, et s'il lui sied d'être aussi discret pour une chose qui intéresse tant l'Etat et l'humanité.

Il doit suffire qu'on sache que *Théophraste* se ruine. Aura-t-on le cœur assez dur pour lui refuser quelque subside, quelque assistance ? Ce dont il sera fier et glorieux, ce sera non pas d'avoir amassé de lui seul des millions, d'avoir rendu sa maison l'une des plus prospères de toutes, ce sera d'avoir obtenu que l'Etat ruine ou mette dans la médiocrité une foule de gens dont l'ombre nuisait à l'astre resplendissant de *Théophraste*.

La politique fait vivre beaucoup plus de gens que bien des grandes affaires. Si elle était ce qu'elle doit être, un quart du pays serait ruiné.

Les uns spéculent sur une migraine ministérielle, les autres sur un caprice ou sur une défaillance du Parlement ; la rente baisse ou hausse suivant que tel ou tel personnage aura bien ou mal dormi ; la menace d'un changement d'impôt fait rentrer les capitaux sous terre ou les fait refluer sur l'étranger; la perspective d'un droit nouveau soulève des provinces entières. On dirait que la France est menacée de dissolution parce que *Paul* ne peut écouler tout son blé, que *Pierre* garde ses futailles en cave, que *Jacques* ne peut noyer toute une province dans l'alcool, que *Thomas* ne gagne que cinquante pour cent sur le sucre qu'il nous vend. Enfin chacun ne songe qu'à être privilégié dans l'impôt ou dans le régime économique. Nous sommes loups envers nos semblables quand il s'agit de payer, et le sort de ceux qui payent sans se plaindre, et qui acceptent bravement et résolument les obligations de bons citoyens ne nous émeut pas plus que celui des Lapons ou des Papous.

A entendre toutes ces doléances on s'apitoie parfois, on se plaint de cette incurie qui laisse de bons serviteurs du pays dans la gène ou dans la médiocrité; on s'attend à voir ces victimes déposer leurs bilans, renoncer à mettre leur travail et leur industrie au service d'un pays ingrat; mais on se rassure en les voyant faire excellemment leurs affaires tout en se ruinant, grossir chaque année leurs inventaires, et déployer un faste princier. On s'étonne, et l'on finit par se persuader que se plaindre sans cesse rentre dans leurs exploitations, et qu'ils se considéreraient comme beaucoup moins riches s'ils ne se plaignaient pas.

*Eros* calcule à merveille, est fort habile à se tirer d'affaire ; il n'a nul besoin de subsides ni de protection pour prospérer ; tout le monde sait qu'il est riche et qu'il n'a rien à désirer ; mais voyez ce qui le trouble et lui ôte son sommeil, c'est cette loi, c'est ce règlement qui l'empêchent de faire entrer telle ou telle denrée, ou de vendre telle autre avec le profit qu'il voudrait. Sans cette entrave, il vendrait un écu cette marchandise qui ne vaut qu'une livre, il empêcherait les pauvres diables de manger à leur faim, il serait l'arbitre des prix, il serait heureux.

Si l'Etat donnait à tous ce qu'ils lui demandent, nous aurions peut-être des gens plus riches, des propriétaires mieux rentés, des commerçants plus gros, mais non plus satisfaits.

*Callixte* commence par demander une route, un chemin de fer ; on les lui accorde, mais il s'aperçoit que *Protagoras* en profite, cela le chagrine. Il demande des places pour ses amis, il les obtient. Il paye de gros impôts, il trouve qu'on l'accable, et demande qu'on l'en décharge en partie ; on le dégrève, et il se plaint toujours. Que faudrait-il pour le contenter ? Il lui faudrait une petite chose que l'Etat ni personne ne peut lui donner, c'est l'esprit et l'oubli de soi.

Il y a des gens qui estiment plus que toutes leurs richesses le petit privilège qu'on leur accorde de faire gratuitement ce que les pauvres gens font onéreusement.

*Xantippe* ferait le tour du monde sans rogner sensiblement ses immenses revenus ; le souci qu'il devrait avoir serait plutôt de dépenser beaucoup que de se priver de quoi que ce soit. Mais il a le bonheur d'être dignitaire, d'être gros fonctionnaire, d'être un gros administrateur. La Compagnie qu'il administre trouverait cruel de déplacer un homme de son rang pour qu'il lui en coûtat quelque chose. Il voyage donc gratuitement, et il estime beaucoup plus cette petite immunité qu'on lui accorde d'aller à Paris sans payer sa place, que la faculté qu'il a de voyager de Paris jusqu'à Pékin en payant fort cher son voyage et en ne se ruinant pas.

L'un des miracles de ce siècle et de tous les siècles serait d'être riche et de ne rien désirer. Mais la course après la Fortune est l'un de ces divertissements dont nous parle Pascal, qui font qu'on agit pour le seul plaisir d'agir, de s'étourdir, de s'aveugler. L'homme ne peut pas plus s'arrêter dans la richesse que dans la passion, dans la jouissance ; il sera toujours plus riche de désirs que de tout le reste.

Aussi ne veut-on jamais convenir qu'on est riche ; il faudrait s'arrêter, se délasser, se dire qu'on a rempli sa vie, et qu'on n'a plus rien à faire. Tandis qu'en s'avouant pauvre, en dissimulant ses ressources, en accusant le sort, on se réserve la faculté de s'enrichir toujours, et l'on peut sans cesse soutenir qu'on n'a pas atteint son but.

*Zénon* est millionnaire, chacun le sait, mais il n'avoue qu'un petit million pour pouvoir, aux yeux du public, en convoiter un autre. Quand on le grandit, il se rapetisse ; il n'est qu'un modeste rentier qui a tout juste de quoi se tirer d'affaire. Pouvez-vous le croire si riche quand vous l'entendez se plaindre de la cherté des choses, dire qu'on ne saurait trop gagner pour vivre, et qu'avec la petite réserve qu'il s'est faite, il peut à peine boucler son budget ?

*Diopite* est armateur ; ses navires sillonnent les mers ; l'ambre, l'ivoire, les bois précieux, les épices les plus rares encombrent ses magasins ; il vend au décuple ce qu'il achète presque rien. — Voilà, dites-vous, un commerçant heureux. — Vous oubliez que la tempête lui a fait perdre une cargaison, et que, sur les essences et les denrées qui lui sont arrivées, il n'a gagné cette année que quarante pour cent !

Cet autre est manufacturier : il fait travailler mille ouvriers ; il a monté des machines qui font à elles seules presque tout le travail ; les hommes qui les desservent n'ont ni repos ni répit ; ils sont comme des esclaves attachés à la glèbe ; ils languissent et s'étiolent dans cette géhenne. Demandez à cet homme s'il est content de ses affaires, il vous dira que ses ouvriers gagnent trop, et que lui ne gagne rien.

On rêve d'un temps où les fabricants et les ouvriers se considéreront comme des frères, comme des associés impliqués dans la même œuvre, intéressés au même travail, où l'on ne verra plus un abîme entre ceux qui sont aujourd'hui salariés, et ceux qui sont patrons, où l'on ne fera plus de différence entre les parties d'un même travail, car enfin n'est-il pas singulier que ceux qui coopèrent au même produit soient comme des frères ennemis, que les uns et les autres se regardent avec haine ou défiance, et que, par faute de s'entendre ou de s'aider, l'affaire à laquelle ils sont tous tant intéressés, et qui pourrait tant prospérer par leur accord, chôme et périclite ?

Le socialisme est une antithèse naturelle aux sophismes du capitalisme. Il est naturel que l'esprit de possession se corrompe comme tout le reste. Ce serait un miracle que ceux qui possèdent et qui accumulent ne devinssent pas féroces, avares, injustes. Aussi remarque-t-on ceux qui sont bienfaisants, charitables, judicieux, équitables: ce sont des exceptions ; ils ont déjà secoué l'esprit de possession, ou, du moins, l'ont tellement épuré, qu'on ne peut presque plus voir en eux de véritables possesseurs : ce sont plutôt des tenanciers.

Il est injuste de reprocher leur avidité aux classes qui ne possèdent pas. Si elles n'avaient pas le désir d'arriver à la possession, cela prouverait que le bien que vous avez est peu estimable. En vous enviant, elles vous rendent encore hommage, et vous seriez privé d'une grande partie de votre prestige et de vos avantages si elles ne vous enviaient pas.

La guerre au capital est aussi vieille que le monde. De là vient que les propriétaires aussi bien que les prolétaires ont fini, par l'effet de cette longue bataille, par adopter toutes les maximes, toutes les subtilités de l'esprit guerrier. L'attaque a ses règles, la défense a les siennes, et l'on ne peut pas dire que ni les uns ni les autres soient absolument loyales, ni toujours chevaleresques. Les possesseurs ont trop l'orgueil de la possession. *Beati possidentes!* les agresseurs sont trop avides. *Mort au capital!* De là vient qu'il y a des assauts trop rudes d'un côté, et, de l'autre, une sauvegarde trop âpre. Il n'y aurait de remède que de s'ouvrir les uns aux autres, de se laisser réciproquement pénétrer, et c'est ce qui se fait par la force des choses, mais on ne le voit pas, et l'on continue à guerroyer, comme si les capitalistes et les prolétaires habitaient deux planètes différentes, comme si la jouissance des choses terrestres n'était pas commune aux uns et aux autres, comme si l'exclusion des uns était fatale et l'investiture des autres prédestinée, comme si enfin le capital était une citadelle qu'on ne peut que forcer, et qui ne peut s'ouvrir que par des ruines et des désastres !

Il y a un degré d'intelligence qui manque aux détenteurs des richesses aussi bien qu'à ceux qui n'ont rien. Il consisterait, pour les premiers, à ne pas affecter une jouissance insolente, à se faire un peu, par modestie et simplicité, pardonner leur fortune, et, pour les seconds, à avoir un peu de confiance dans le sort, car enfin il y a autant de fortunes qui se défont qu'il y en a qui se font. Il y a plus de riches qui se perdent par leur fatuité et leur désordre qu'on en voit prospérer par leur bon ordre et leur économie, et, si l'on voulait bien compter, il y a bien plus de chances à voir certains s'élever qu'à voir d'autres se soutenir et ne pas payer leur prospérité par la décadence et la ruine.

Il est singulier que les vicissitudes si évidentes de la Fortune ne corrigent ni les uns ni les autres, et que toujours on soit porté à croire, d'un côté, que les possesseurs sont éternels, et que, de l'autre, les prolétaires ne peuvent avoir que le désir et non la possession. On en fait comme une loi, et pourtant il n'est pas absolument fatal que certaines gens manquent de tout et que d'autres regorgent de superflu ; c'est notre courte vue qui nous le fait croire, et, si certains ont plus que leur part, c'est par un jeu de certaines forces qui, jusqu'à ce jour, sont restées sauvages, et qui demandent à être disciplinées.

Ce sont de tels sophismes qui gâtent la vie de l'humanité. Nous sommes toujours dans les antithèses ; nous les aimons, les contrastes nous plaisent ; tout ce qui est mitoyen, tout ce qui est tempérament, modération, ne nous attache pas ou nous attache peu. Il nous faut des vallées et des montagnes, des sommets et des abîmes. Aussi sommes-nous sans cesse forcés de jeter des ponts, d'imaginer des joints, de combler des creux, non pour arriver au nivellement, qui nous serait insupportable, mais pour associer décemment la misère avec la fortune, et pour laisser croire que, si la Nature est une marâtre et ne met aucune compensation dans les destinées, l'homme seul sait assembler les contraires, et résoudre l'accablante énigme du bien et du mal.

---

# LA PLOUTOCRATIE

## I

Le règne de l'argent est aussi vieux que le monde. On l'a caché sous des oripeaux qui donnaient le change sur l'espèce de domination que certains hommes exerçaient sur d'autres ; mais, au fond, les riches ont toujours dominé, d'abord ceux qui n'ont rien, et puis ceux qui, n'ayant pas la richesse, ont du moins voulu faire croire qu'ils avaient tous les droits de dominer.

Les financiers ont toujours ainsi exercé une sorte de royauté sur les rois et les puissants de ce monde. Les glorieux, les vaniteux, les ambitieux de toute catégorie avaient besoin des manieurs d'argent et traitaient avec eux. Pompée ne pouvait rien faire sans Crassus, ni César sans Clodius, et le rusé Louis XI avait besoin d'un argentier pour réduire la riche maison de Bourgogne. Louis XIV aux abois appelait Samuel Bernard son ami, et le trop fameux cardinal Dubois recevait l'or des Anglais, et traitait avec Pâris-Duverney comme avec un potentat. Il n'a manqué à Law que de s'enrichir avec son système pour devenir le maître de la France, et le Directoire n'aurait pu se soutenir sans l'appui des banquiers.

Aussi avons-nous eu les *barons* de la finance traitant de pair avec les ducs, les comtes, les barons, les marquis les mieux titrés. On ne pourrait pas faire croire, par exemple, qu'*Argyrion*, qui a des châteaux, des laquais poudrés, des meutes et des piqueurs, qui court le cerf, et qui a des écussons sur ses carrosses, vaille moins que les Condé ou les Montmorency.

Ce qui discrédite un peu la véritable aristocratie, c'est que les fils des anciens preux cherchent plus à imiter les barons de la finance, qu'à leur donner les bons et grands exemples qu'ils pourraient leur donner. Le grand mérite de l'argent c'est qu'il égalise tout. Tel qui a du talent, du mérite, de la distinction, mérite moins devant le monde par ces vertus que par les titres qu'il a dans son portefeuille.

Deux hommes qui ont la même fortune se valent, quoique, à les prendre en détail, l'un soit presque un sot et l'autre presque un génie.

Aussi a-t-on tort de croire que la richesse soit un principe de dénivellement social : c'est plutôt un principe de nivellement. Le mot de Guizot : « Soyez riches ! » montre que tous peuvent y prétendre, et que, conséquemment, la fortune est la chose la plus banale du monde.

Quand donc l'on crie contre les tyrannies de l'argent on a tort de croire que la richesse crée des privilèges : ce sont ceux qui ne sont pas riches qui en demandent, et nous sommes moins menacés par la ploutocratie que par la *médiocratie*.

Il y a un cercle vicieux dans les revendications sociales, c'est que les aspirants à la richesse ne peuvent rien que par la richesse pour laquelle ils n'ont que des anathèmes. On pourrait leur dire : « Ménagez les sièges que vous voulez occuper ; ne crachez pas dans le plat dont vous voulez goûter ; vous pouvez être riches sans massacrer les riches ; dans le grand réservoir de la fortune publique il y a place pour tout le monde. »

La course à la richesse est la plus décevante de toutes, car, dans la fureur d'être riche, on ne s'aperçoit pas qu'on l'est quand l'on y est parvenu, et, à force de poursuivre sans cesse un fantôme, l'on ne jouit jamais de rien.

## II

Il y a des hommes que la fortune d'autrui intéresse plus que la leur propre. Ils attirent donc à eux toutes les petites économies, tous les deniers du peuple dormant dans des réduits ou dans des cachettes, et ils promettent à ceux qu'ils dépouillent ainsi tous les trésors du Pérou. On les croit, on les défend contre tous les malencontreux qui craignent et se défient, on échafaude de magnifiques projets sur le torrent d'or qui doit bientôt vous arriver ; et, un beau jour, ces beaux intendants de la fortune populaire disparaissent, emportant avec eux le denier de la veuve et de l'orphelin, les réserves de l'ouvrier sobre et prévoyant, les profits du petit employé, et ne laissant que les pleurs et la désolation. Ces exemples devraient rendre le monde prudent ; mais le lendemain un autre chevalier d'aventures apparaît, qui demande au peuple les mêmes oboles, et on les lui donne, on s'endort avec confiance sur ses belles promesses, et l'on se réveille ruiné, pour recommencer avec un autre quand l'on sera en fonds.

Il n'y a rien de tel que la griserie des esprits dès qu'il s'agit d'argent. Tel sera sceptique, railleur, insensible à toutes les promesses et à tous les mirages, qui croira volontiers que la fortune sort de rien, et qu'il ne s'agit que de hasarder pour gagner.

Tous les services du monde coûtent peu à certaines gens, mais demandez-leur de l'argent, vous trouverez visage de pierre.

Vous vous étonnez : vous offrez toutes les garanties possibles, vous savez que celui auquel vous vous adressez a des écus à revendre : on vous répondra que les temps sont durs, qu'il ne faut pas se démunir ; et cet argent qu'on refuse à un ami, à un frère, on l'apportera demain à un charlatan.

Le précepte de ne pas s'attacher trop aux richesses parait superflu pour un grand nombre de gens, à voir la facilité avec laquelle ils s'en détachent.

Il y a, pour certains hommes, un plus grand plaisir que d'être riches, c'est de jouer avec la richesse, et il n'y a pas de degrés, pour eux, entre être milliardaire et n'avoir rien. On arrive ainsi à une certaine sagesse qui consiste à n'estimer l'argent que comme un moyen : ceux qui l'estiment comme un but sont de plus en plus rares.

Il y a aujourd'hui, de par le monde, certains particuliers qui sont plus riches que ne le sont beaucoup d'Etats ; ils connaissent à peine l'étendue de leur budget ; leurs capitaux sont engagés dans les cinq parties du monde, et, malgré leurs immenses ressources, ils n'arrivent pas à vivre autrement que presque tout le monde. Leur fortune les pousserait à se nourrir de nectar et d'ambroisie, mais ils sont hommes, et sont réduits à manger du pain et à boire du vin.

Il leur reste le plaisir de faire des heureux, mais comment voudrait-on que l'argent qu'ils abandonnent ait ce privilège, tandis que celui qu'ils gardent ne les rend souvent que mélancoliques ?

Les nobles ruinés recherchent aujourd'hui les filles de ces milliardaires, et il n'y a rien de plus édifiant, en principe que ces alliances du nom et de l'argent. Mais, à voir le peu d'harmonie de beaucoup de ces ménages, on se demande si la noblesse en profite, ou si la roture dorée ne se fourvoie pas.

Il y a beaucoup de difficulté, pour un milliardaire, à être généreux, car quelle que soit la valeur de ce qu'il donne, on trouve toujours qu'il donne peu ; et, s'il donne trop, on trouve encore qu'il calcule mal ses générosités, et qu'il ferait mieux de donner moins.

*Argyrocrate* fonde des collèges, dote des hospices, fait construire des palais, fait vivre une foule d'artistes qui lui vendent leurs tableaux et leurs statues au poids de l'or ; il s'essaie dans le métier de prodigue, et essaie tous les moyens de l'être le plus possible ; et, malgré cela, il n'arrivera pas à la satisfaction d'un homme qui, avec une modeste fortune, emploie son petit superflu à faire autour de lui des heureux, et ne les accable pas du poids de ses richesses.

Les embarras de ces grands seigneurs d'argent font aimer la médiocrité. Il est plus facile de bien gérer un petit pécule que de calculer les folies que l'on pourrait faire pour ne pas être taxé d'avarice.

On s'étonne que la démocratie puisse permettre l'éclosion d'immenses fortunes et de véritables dynasties financières ; mais c'est, au contraire, une raison de plus d'admirer la puissance de la démocratie. Les hommes n'estiment pas ce qui n'aboutit pas à la fortune, et, si la démocratie ne produisait qu'une égalité de misère, ou qu'un nivellement d'aisance, on trouverait avec raison qu'elle rabaisse l'humanité.

Voilà pourquoi l'aristocratie nous guette de toutes parts. Tout le progrès social et économique ne consiste qu'à changer d'aristocraties.

# LES FEMMES

## I

Le déclin des salons a ôté un peu aux Françaises l'arbitrage du goût qu'elles avaient dans les derniers siècles. Les hommes, qu'elles avaient polis, sont redevenus un peu grossiers, et les femmes, pour conserver quelque chose de leur empire, oublient souvent leurs grâces naturelles pour se faire hommes le plus qu'elles peuvent. Ce n'est pas qu'elles aient perdu leurs attraits ni leur légitime influence, mais elles se persuadent quelquefois faussement que, pour avoir plus sûrement les hommes, il faut s'efforcer de leur ressembler. En quoi elles se trompent, car jamais elles n'ont plus régné que quand elles ont été véritablement femmes.

Elles croient aussi souvent que le ton cavalier et dégagé marque une supériorité de situation. On peut presque prédire aujourd'hui, quand on entend des femmes avoir le verbe haut, le propos leste, et les intonations masculines, que ce sont des princesses ou des duchesses.

Les femmes n'ont plus, ou paraissent ne plus avoir ce sentiment du domaine où elles sont absolument privilégiées ; elles laissent aujourd'hui volontiers à des hommes le sceptre de la mode. Nos mères et nos aïeules avaient des couturières, et les grandes couturières étaient une puissance. Aujourd'hui une femme qui se respecte, et qui veut avoir l'air de quelque chose, a son couturier.

Aussi les êtres hybrides abondent-ils dans notre société. *Nicanor* est médecin, mais il s'intitule le médecin des dames. *Philodonte* est dentiste, mais il ne touche qu'aux perles que les dames dissimulent sous leurs lèvres roses. Un autre arrache aux sages-femmes le privilège d'être des accoucheuses. *Bénigne* est prêtre et confesseur, mais il ne confesse et ne dirige que les dames.

D'autre part les femmes envahissent les prétoires, les hôpitaux, les ateliers et les amphithéâtres. Il y aura bientôt plus de doctoresses que de docteurs, de bachelières que de bacheliers, d'avocates que d'avocats. Les musiciens des orchestres se croyaient en sûreté ; ils ne pensaient pas que d'aimables demoiselles viendraient leur disputer la fatigue et l'ennui de passer toutes leurs soirées dans une salle surchauffée. On leur dispute avidement ces triples et quadruples croches qui étaient leur gagne-pain.

C'est un plaisir sans pareil aujourd'hui que de trouver une femme qui sait être femme, qui laisse aux hommes le langage bref et les allures cavalières, qui ne cherche pas à usurper sur l'autre sexe, qui suit sa nature en tout, qui s'attache, non pas à la travestir, mais à lui donner tout son lustre, et n'a d'autre ambition que d'être douce et aimable. Elle vous repose des amazones, des androgynes, des intrigantes et des viragos.

Mais c'est la difficulté d'être femmes comme il le faudrait, et comme la nature le voudrait, qui provoque cette foule de déclassées, d'êtres indécis, équivoques, qui ne sont d'aucun ordre précis, juchées entre deux mondes, qui ne peuvent être hommes qu'à moitié, et à qui toutes les qualités féminines ne servent de rien.

Il faudrait que, dans cette compétition des deux sexes, la Nature donnât aux femmes plus de forces qu'elles n'en ont, qu'en raison de leur plus grande faiblesse, elle leur facilitât les moyens de vivre, qu'elle ne permit pas ces usurpations, ces enjambements sur des domaines qui sont inconciliables, que les deux sexes s'aidassent au lieu de se proscrire, et qu'enfin ils eussent l'un et l'autre leur propre champ d'action, ou que, tout au moins, la coopération fut aisée. Mais il se trouve que c'est précisément dans la collaboration, dans la pénétration réciproque des deux sexes que les tyrannies sociales et mondaines sont les plus fortes, que les malentendus sont les plus irréductibles, que les dénaturations sont les plus flagrantes, et que la difficulté de marcher parallèlement en restant chacun dans sa sphère, est la plus grande.

Assurément, si les hommes et les femmes se sont jamais entendus, ce n'est pas par une illumination de raison, mais c'est par l'effet du caractère. Il serait étonnant qu'à cet égard les hommes fussent restés absolument hommes et les femmes absolument femmes. Il y a des hommes auxquels les qualités féminines vont fort bien, et des femmes auxquelles les qualités viriles ne messiéent pas. On croirait que c'est là comme un moyen naturel de conciliation, et que de pareils ménages sont faits pour s'entendre ; mais il est rare qu'en ce cas la femme n'accuse pas son mari d'être une femme, et que l'homme, de son côté, n'accuse la femme d'être un homme.

On peut donc assurer que, malgré les chimères du féminisme, les incompatibilités naturelles subsisteront, et que les hommes et les femmes ne pourront s'harmoniser qu'en restant chacun dans leur sphère. Ils ne s'estiment les uns et les autres qu'en demeurant ce qu'ils sont, et l'on ne voit pas de velléité de conquête d'un sexe sur l'autre qui ait franchement réussi, et qui n'ait été la diminution, soit de l'homme, soit de la femme.

## II

C'est aussi ce qui fait le discrédit des femmes-philosophes, car on a remarqué que la raison des femmes ne peut jamais être dégagée assez pour être libre. Elles ont toujours une tendance invincible à se rattacher à des dogmes, et cet attachement est d'autant plus grand que les hommes qu'elles fréquentent sont plus dogmatiques. On ne voit jamais en elles cette confiance dans leur sens propre qui souvent entraîne les hommes à des révoltes, à des scissions et à des schismes. Elles ne se sentent vraiment à l'aise, même dans leur prétendue indépendance d'esprit, que lorsqu'elles pensent d'après quelqu'un.

Voilà pourquoi elles ont toujours une certaine complaisance pour les hiérarchies ; elles. sentent que, ne pouvant édifier des œuvres de raison pure, ce qui leur sied le mieux, c'est d'être conservatrices. Toute femme est dévote naturellement, même lorsqu'elle rejette les signes de la dévotion, il y a toujours une sorte d'influence mystique qui la fait agir. Néanmoins il y a toujours en elle une sorte de duplicité qui déconcerte. Elle croira son directeur qui lui parle le langage nuageux de la spiritualité, mais elle croira son mari qui lui parle de ses intérêts terrestres, et il est rare que, pour ce qui concerne la gestion de ces intérêts, elle ne lui donne de fort bons avis.

Aussi est-ce une des raisons de la complaisance des femmes françaises pour l'Eglise. Elles y voient une grande affaire, moitié divine, moitié mondaine, où les bons avis ne sont pas hors de saison, et où leur adresse naturelle n'est pas combattue par celle des hommes qui la délaissent. Elles en sont d'autant plus heureuses qu'on ne leur y marchande d'aucune façon le rôle de directrices, et qu'après tout le Pape, les cardinaux, les évêques et les curés sont des hommes. Elles ne sont mêmes pas sûres que Dieu échappe entièrement à leur domination, car pourrait-il sentir mieux qu'elles toutes les nécessités, tous les intérêts de son Eglise ?

C'est un singulier alliage que la dévotion de la femme et le libertinage d'esprit de l'homme, et pourtant il faut que la société d'aujourd'hui s'en accommode. Ce qui est rassurant, c'est que la grande majorité des hommes sont parfaitement indifférents en matière religieuse, et que ceux qui ne veulent pas s'en donner l'air n'ont d'autre passion religieuse que celle que les femmes leur donnent. On ne tarde pas à voir la légèreté et le peu de fondement de cette passion, et alors les femmes, ne pouvant plus avoir de maris ni d'amis sincèrement dévôts, sont quelquefois amenées à estimer ceux qui ne le sont pas, et qui ne s'en donnent aucunement l'apparence.

L'union d'une femme dévote et d'un homme philosophe et libre-penseur devrait être un enfer : pourtant on en voit qui font de fort bons ménages. Ils font habilement la part de leurs consciences réciproques. La femme sort pour aller à l'église, l'homme sort pour aller au cercle. Ce dernier n'est pas scandalisé que sa femme ait un directeur, et le directeur serait lui-même surpris s'il avait à diriger le mari aussi bien que la femme.

La dévotion ou la prétendue dévotion de l'homme n'est pas aussi agréable à la femme qu'on pourrait le croire, car elle croit difficilement qu'on puisse être dévôt d'autre chose que d'elle. Elle admet donc aisément que l'homme s'affranchisse des dogmes pourvu qu'il ne résiste pas à son influence ; et encore, s'il se fait dévôt, faut-il qu'elle l'ait voulu.

## III

L'adultère n'est plus aujourd'hui ce vice aimable, galant, raffiné, qu'on connaissait autrefois. Les maris complaisants et sciemment aveugles se comptent. On ne se pique plus, comme jadis, d'être plus fidèle à une passion qu'à sa femme. Ce n'est pas que les mœurs soient moins faciles, ni les hommes moins dissolus, mais il n'est plus chevaleresque de voler une femme à son mari. Sans doute, ces ravisseurs sont jugés indulgemment. Que ferait la société polie, si elle n'avait l'adultère comme passe-temps ? Mais, au lieu qu'autrefois on couvrait volontiers l'adultère de fleurs, en adultère aujourd'hui nous sommes devenus féroces.

La faculté du divorce a enlevé à l'adultère beaucoup de son ragoût, car ce n'est plus tout-à-fait courtiser la femme d'autrui que de courtiser une femme qui peut être libre d'un jour à l'autre. L'attrait du fruit défendu est beaucoup diminué, et la femme même n'a plus autant de plaisir à tromper un mari qui ne lui est attaché que sous condition.

Il arrive ainsi que la faculté du divorce a rendu la plupart des ménages plus indissolubles qu'ils ne l'étaient auparavant, car le mari et la femme redoutent l'un et l'autre les raisons possibles de s'affranchir mutuellement, et le préjugé contre le divorce subsiste plus peut-être qu'autrefois, car on ne peut admettre qu'un mari et une femme se quittent sans autre raison que de se quitter, et l'on suppose assez naturellement que, ne pouvant s'entendre, ils sont incapables de vivre avec qui que ce soit.

C'est ce qui fait que rarement un divorcé épouse une divorcée, car ils ne sont pas sans se méfier l'un de l'autre, et sans se dire que la mésintelligence qui a fini par la rupture pourrait se remettre entre eux. Après avoir heurté le préjugé, ils y retombent tout naïvement, et se disent que ce n'est pas la peine de s'unir pour ne l'être que précairement.

Après tout, un premier mariage est toujours une présomption de bon ou de mauvais caractère. C'est un exemple pour tous les maris présomptifs. De quelque illusion qu'on se berce, on ne peut qu'hésiter à se lier à quelqu'un qui s'est délié, et l'on est toujours amené à chercher qui, du mari ou de la femme, a trompé l'autre.

Et c'est là précisément ce qu'on ne sait jamais. A moins de flagrant délit d'adultère, les magistrats sont toujours dans l'équivoque, et jamais un jugement de divorce, établi sur de simples incompatibilités d'humeur, ne convaincra absolument personne de l'innocuïté de l'un ou de l'autre des deux conjoints.

Aussi toutes les facilités possibles de rompre n'ont-elles pas augmenté le nombre des bons ménages. On s'en tient à la parole de La Rochefoucauld « qu'il peut y avoir de bons mariages, mais qu'il n'y en a pas de délicieux. » Le moyen de s'entendre, c'est de vouloir s'entendre. Dans l'union de l'homme et de la femme, ce sont des défauts qui s'unissent, et toute la garantie des époux qu'on appelle *bons*, c'est de voir ces défauts s'émousser mutuellement par le frottement.

## IV

Bien que la femme moderne ressemble aux femmes de tous les temps, elle a néanmoins son cachet propre, c'est d'être plus intelligente, plus accessible aux idées qu'elles ne l'étaient autrefois.

Il y en a beaucoup qui comprennent mieux l'aristocratie de leur sexe ; et, pour cent qui se rattachent aveuglément aux anciennes dominations, il y en a cinquante qui comprennent que le rôle social de la femme est de préparer, par la délicatesse du sentiment, les conquêtes si longues et si lentes de la raison.

La femme n'est vraiment conservatrice que par un sens plus aiguisé des nécessités sociales, mais ce même sentiment la rend progressiste et réformatrice, quand les instincts et les droits du cœur sont menacés par la dialectique des théoriciens. Elle est souvent, sans doute, la proie des sophismes, car qui, en ce monde, en est exempt? mais il est rare que ces sophismes lui enlèvent complètement le sentiment de la charité et de la pitié, et lui ravissent la persuasion que les mauvaises passions peuvent être adoucies et même ennoblies par un mélange de passions bonnes et généreuses.

Il est fâcheux que la dévotion amortisse si souvent ces dispositions naturelles, et qu'un certain amour de Dieu vous rende dur et impitoyable pour votre prochain, mais il est à remarquer que, même dans cet égarement, les femmes sont généralement plus mesurées que les hommes, et qu'un homme qui devient dévôt, même par le fait des femmes, est beaucoup plus sec et despote que ne le sont ces dernières.

Ce qui donne un grand avantage aux femmes dans la lutte pour le progrès, c'est qu'elles sont naturellement pacifiques, qu'elles haïssent d'instinct la guerre, et qu'elles sont toujours disposées à tout faire pour conserver les hommes. Sans elles, les hommes, n'ayant plus cette naturelle sauvegarde, se seraient entre-déchirés bien plus qu'ils ne l'ont fait dans le courant des siècles ; et, si l'on cite bien des guerres que les femmes ont provoquées, c'est que, si elles voulaient bien l'extermination d'un ennemi, elles songeaient toujours avant tout à la conservation des hommes. Les femmes ne sont inhumaines que par amour, et c'est toujours cette passion défigurée ou transfigurée que l'on trouve dans tous leurs actes.

Le *féminisme* dont l'on parle tant aujourd'hui, n'est qu'une illusion. Cette revendication solennelle ressemble à ces Chartes octroyées, ayant pour but de consacrer des droits et des franchises qui existaient bien avant cet octroi, et qui devenaient plus faibles et plus précaires par cela seul qu'on les octroyait. Les revendications féminines sont une sorte de déni de leur puissance ; il devrait suffire aux femmes de régner sur les hommes sans prétendre régner à côté.

Qu'ont-elles à gagner à avoir les hommes pour rivaux ? Auront-elles plus de force ? augmenteront-elles leur empire ? si elles l'emportent jamais, ce sera une substitution de sexes. Elles pourront gouverner, légiférer, administrer aussi bien et même mieux que les hommes, mais ce ne seront plus des femmes.

Elles ont beau dire que le sexe féminin est sacrifié : on ne les croit pas. Il n'y a pas de force ou de faiblesse incompatibles ou fatales à l'une ou l'autre portion de l'humanité. Il y a des femmes-hommes et des hommes-femmes. Les premières seront toujours plus que les hommes, leurs voisins; et les seconds auront beau avoir toutes les ambitions possibles, ils ne seront jamais des hommes. La nature met des compensations dans tout.

Pourquoi les amazones, les androgynes, les faunesses, les Herminies, les Clorindes, et toutes ces conceptions ingénieuses ou bizarres des poëtes n'ont-elles pas fructifié ? pourquoi n'en a-t-on jamais vu ? C'est qu'il a toujours plu à l'homme de réunir dans un même être les qualités masculines et les qualités féminines. On aime à rêver des êtres complets, et, de plus, l'on aime à créer. Mais il n'a jamais réussi à aucun être de sortir de sa nature, et les femmes-hommes seront toujours de disgracieuses créatures.

Il est vrai qu'il est plus difficile aujourd'hui que jamais d'être femme. Il y a trop de femmes pour les travaux qui conviennent à leur sexe, et elles ne peuvent même pas toutes faire l'office que la nature leur assigne, car si toutes les femmes engendraient, le monde mourrait de pléthore. C'est donc une nécessité que le sexe féminin, pour vivre, enjambe sur le sexe masculin, et c'est un véritable héroïsme que la résignation avec laquelle tant de femmes sacrifient leur beauté, leur délicatesse, leur grâce pour ne plus rien avoir de féminin. Il est rare qu'une doctoresse plaise, même par les attraits qu'elle avait avant d'être doctoresse ; elle sent qu'elle dérogerait quelque peu en étant aimable, et c'est pourquoi elle se guinde et se hérisse pour se distinguer des femmes simplement femmes.

Le rêve de Chamfort d'être une femme, et une jolie femme, jusqu'à trente ans, et après cela d'être un homme, résoudrait bien des problèmes épineux. Mais il faut que des myriades de femmes se résolvent à n'être ni mères, ni maîtresses de maisons, ni marchandes, ni ouvrières, ni rien dans l'échelle sociale, et que, du soir au matin, et du matin au soir, elles se demandent pourquoi elles vivent, et par quel miracle elles pourront braver la faim et conjurer la misère.

Les difficultés de l'existence font que, sur mille femmes, il y en a cinquante de trop. Il faut laisser ce privilège aux femmes, c'est qu'elles constituent en grande partie ce qu'on peut appeler le *lest* de notre race. Beaucoup de Français vaudraient moins sans la femme. Il est difficile, quand l'on est marié, ou que l'on fréquente certains salons, ou que l'on suive la société de certaines femmes, d'être tout-à-fait absurde.

Une femme qui veut jouer à l'homme n'est estimée ni des hommes ni des femmes. Il faut, pour qu'elle se fasse supporter, qu'elle soit plus femme que certaines femmes, et plus homme que certains hommes, c'est-à-dire qu'elle ait à la fois beaucoup de virilité et beaucoup de délicatesse. Une femme qui ne se pique que de virilité, comme le faisait autrefois Christine de Suède, est un monstre, tandis qu'un grand fonds de raison chez une femme, avec une dose de caprice raisonnable, et tous les agréments féminins, est un phénomène délicieux.

On excuse beaucoup plus aujourd'hui le caprice chez une femme qu'on ne l'excusait autrefois : cela vient de ce qu'on sait qu'elles ne sont plus aussi bien élevées. Les mœurs, il est vrai, étaient plus tolérantes autrefois : la bonne galanterie couvrait tout. De nos jours le vice ne prend plus ces aspects aimables, la grossièreté scandalise moins, et la corruption paraît si naturelle, qu'on ne prend même plus le soin de l'embellir.

Les femmes lettrées et savantes foisonnent dans notre société, mais elles ne donnent plus au style féminin cette grâce qu'on y admirait autrefois. L'on ne distingue plus aussi bien le style de l'homme et celui de la femme, distinction qui faisait dire à La Bruyère que « le style a un sexe ». Les femmes ont aujourd'hui trop de propension à ressembler aux hommes, ce qui fait que, même quand elles s'en tiennent à leurs qualités natives, elles sont moins femmes que jadis.

Il faut dire, en dépit de bien des apparences contraires, que l'honnêteté générale s'est accrue. On ne s'accommoderait plus aujourd'hui de certaines communautés, de certains *sigisbéismes* qui étaient loin de faire scandale autrefois. L'homme bien élevé peut être vicieux, mais il ne s'en pique plus : quant à la femme, elle étale moins son vice, et la culture d'esprit l'en détache plus qu'il ne le favorise.

Le dédain du préjugé était jadis la source de bien des immoralités, et l'on mettait la force de son esprit à le dominer ; de nos jours le préjugé est plus puissant parce qu'on a trop souffert de l'absence de préjugés. On comprend que, s'il est banal d'aimer sa femme, de rester dans son intérieur, de se piquer de fidélité, le monde pourtant s'en trouve mieux, et que l'association humaine n'a cure ni besoin de mauvais ménages, d'unions mal assorties, de Dandins, de Don-Juans ni de Lovelaces.

Ces tendances nous donnent peut-être des qualités moins brillantes ; le vice élégant avait sa magie, mais ce n'en est pas moins un tableau captivant que celui de l'honnêteté française, digne compagne de tant de vertus domestiques, de tant d'ardeur au travail, et de tant d'économie !

## V

Il est heureux pour l'ambition des hommes qu'il y ait des femmes. Sans elles la moitié de l'humanité s'endormirait. Non que les hommes manqent de pétulance dans leurs ambitions, mais les femmes ont une volonté plus tenace et plus rectiligne qui fait que ce qu'elles rêvent a souvent le mérite d'une plus grande constance. En général ce que font les maris pour plaire à leurs femmes vaut bien mieux que ce qu'ils font pour leur déplaire.

Notre législation du mariage est faite pour parer à la faiblesse de la femme : c'est plutôt à la faiblesse de l'homme qu'il faudrait parer.

L'autorité maritale, en général, est plus faite de complaisances que de despotisme :

la toute-puissance de la barbe est une puissance d'opinion.

Il y a des cas où la femme est tellement le complément de l'homme que, célibataire, ce dernier ne serait arrivé à rien.

*Célimène* a épousé un ministre : de ce jour elle devient le ministre; elle reçoit les requêtes, accueille les ambassadeurs, accorde des grâces, et tout le monde avoue que ce ministère est un modèle de direction,

Il y a d'autres cas où l'on se demande pourquoi une femme est associée aux titres, aux fonctions de son mari. Elle eut fait une femme parfaite, si elle n'eut été que la compagne de sa vie privée ; mais la voilà ambassadrice, ou préfète, ou présidente : elle ne fait que des sottises, elle bégaie, et son mari a honte d'elle.

Pourtant on voit des femmes qui sauvent la nullité de leurs maris. A côté d'elles ils ne paraissent plus si sots, ni si gauches, ni si ridicules : ils sont couverts de la grâce.

Un fonctionnaire ne doit pas chercher la femme qui lui plait : il doit rechercher la femme qui rehausse la fonction.

Si la femme d'un Président ne pouvait plus s'appeler Madame la Présidente, ni celle d'un Général Madame la Générale, ces hauts dignitaires trouveraient difficilement des femmes.

Ce devrait être un motif d'humiliation pour les femmes que de ne briller souvent que par le mérite des hommes ; mais, au contraire, elles se contentent et même se prévalent de ce reflet comme s'il était une illumination méritée.

Il est vrai que les femmes sont souvent d'admirables compagnes de nos disgrâces, et que, si quelqu'un s'entend merveilleusement à sauver la dignité, ce sont elles.

*Elmire* voit son mari tomber de chute en chute jusqu'au dénûment, jusqu'à la misère. Tous les témoins de cet effondrement voient une maison bien tenue, un costume simple mais décent, un visage souriant : ils se demandent si la fortune a vaincu *Elmire*, ou si ce n'est pas plutôt *Elmire* qui a vaincu la fortune.

Quelquefois les femmes font tellement la fortune des bonnes maisons, que les maris disparaissent dans la pénombre ; ils sont comme oubliés. Quelqu'un demandait à Madame Geoffrin quel était ce Monsieur modeste et silencieux, qui était toujours relégué à un bout de la table : « C'est mon mari » répondit-elle.

## VI

Souvent les femmes abusent de l'obligation où les met la loi de prendre notre nom.

Quand elles le déshonorent, ce qui arrive assez souvent, le déshonneur tombe moins sur elles que sur leurs maris.

C'est condamner un homme au supplice de la tunique de Nessus que de l'obliger à rester nominalement le mari d'une femme qu'il ne peut plus respecter.

Les infidélités et les débordements du mari, par contre, ne salissent pas la femme. On fait alors une sage différence entre celle qui respecte le nom et celui qui le pollue.

Mais, dans le monde, cette différence s'atténue. On ne plaint pas généralement la femme d'un infidèle ; et l'on croit plutôt que la femme n'a pas eu le don de retenir, que l'on ne croie que le mari manque de retenue.

La sophistique du monde est favorable à la femme quand elle ne se plaint pas, et elle est favorable au mari quand il se plaint.

## VII

La femme française a des secrets de se tirer d'affaire que n'ont pas les femmes des autres pays. Avec des budgets qui sentent la misère, elle tient son rang, reçoit des invités et accepte des invitations ; sa cuisine diffère peu de celle des gros bourgeois ; elle est même parfois plus fine : elle sait disparaître au moment où le service le requiert, et reparaître aussi dispose que si elle n'avait pas fait usage de ses mains ; elle se passe de domestiques, car elle vaut elle-même dix domestiques.

Par là le fonctionnaire français a gardé une pointe d'élégance qu'on trouve rarement chez des étrangers, quelque bien rentés qu'ils soient. Car il n'a, avec le grand seigneur, que la différence de vivre bien avec peu.

Les femmes prodigues et dilapidatrices ne savent pas estimer l'argent. Elles ne se doutent pas du tout ce que l'on peut faire avec un louis ou avec un écu bien employés.

C'est pourquoi la grande richesse ne rend pas véritablement riche, puisqu'elle n'estime pas la valeur de l'argent à son véritable taux. Elle consiste à grossir les prix, et à payer dix fois trop cher ce que le monde estime à son juste taux. Car, si l'on se réglait sur la commune mesure, à quoi servirait d'être riche ?

Ce que les grands magasins offrent aujourd'hui aux femmes est incroyable. Pourtant il y a peu d'exemples que celles qui acceptent cette aubaine se ruinent : c'est plutôt celles qui la dédaignent.

Ces facilités enlèvent beaucoup à l'acuité de l'envie démocratique. Une ouvrière se console de n'être pas duchesse par le plaisir de paraître aussi bien parée.

Il n'y a rien qui confond les rangs comme l'identité des costumes.

Les anciens costumes des provinces classaient les hommes et les femmes ; l'uniformité d'aujourd'hui les déclasse.

La disparition des ordres religieux fera une lacune dans le théâtre du monde. Les soutanes, les longs voiles, les cornettes, les cordons faisaient voir qu'il n'y a pas qu'une seule manière de se mettre ni de s'habiller.

## VIII

La femme oisive a vraiment disparu du monde : on ne la voit plus que dans les sérails, où peu de gens la voient.

La causerie étant morte, la femme a perdu l'art de présider un salon. Il n'y a plus de beaux-esprits, et l'on ne perd plus son temps agréablement comme autrefois.

Mais on s'imaginerait difficilement le temps que met une femme du monde à aller là où il faut avoir été pour ne pas paraître tombé de la lune.

*Irène* commence par la messe qu'elle n'entend qu'à demi, pour aller dans une galerie de tableaux où elle ne voit que des cadres dorés, puis à une exposition d'œuvres d'art où elle ne voit que des bibelots démodés, puis chez sa couturière qui la remet au lendemain, puis au Bois pour montrer ses chevaux et ses cochers ; puis à un concert où elle baille, enfin au spectacle où elle s'endort au fond d'une loge. Rentrée chez chez elle quand le jour commence à poindre, elle estime qu'elle n'a pas perdu sa journée.

Les obligations du monde sont tellement tyranniques ; l'indolence naturelle peut si peu s'y soustraire, qu'à tout prendre, il y a là de quoi consoler les victimes du travail forcé.

Faire des riens est souvent plus pénible que de faire quelque chose.

Se créer des besoins factices équivaut souvent à être dans le besoin.

En tout, c'est l'état d'esprit qui fait la peine ou la jouissance ; on ne peut guère estimer ce que l'on fait avec une indifférence blasée.

## IX

Les temps modernes ont fait voir tout ce à quoi les femmes peuvent être propres. La vanité des hommes n'a pas de quoi s'en glorifier.

La femme usurpe peu à peu tous les postes sédentaires, elle chasse l'homme des bureaux, des rayons, des caisses. Si ses forces sont à la hauteur de son courage, on la verra porter des fardeaux. Les sexes sont mêlés dans la dispute pour le travail : beaucoup d'hommes font ce que devraient faire les femmes ; et beaucoup de femmes font ce que devraient faire les hommes.

Le besoin de vivre brave tout. Pour cela, les hommes se résolvent parfois à n'être plus des hommes, et les femmes à être plus que des femmes.

Mais le fait d'être propre à tout vous rend quelquefois impropre à tout. Quand on veut faire plus que ce qu'on peut faire, on arrive forcément à faire moins que ce que l'on pourrait.

Les lois draconniennes du travail épuiseront l'humanité avant un siècle. Il n'y a plus de proportion entre les ressources et les besoins. La vie ne vaudra plus la peine de tant d'efforts et de tant d'énergies sacrifiées. Il se fera un renversement de l'humanité. Ce à quoi les uns sont propres sera fait par ceux qui ne le sont pas. Les femmes feront de grands travaux, ou s'épuiseront le cerveau, mais ne pourront plus engendrer ; les hommes s'étioleront dans les bureaux, et y perdront toute vigueur masculine. Si, d'ici-là, la Providence ne remet pas les choses en place, le monde finira.

## LA RELIGION

### I

La religion est, comme bien d'autres choses en France, affaire d'opinion. On n'est pas chrétien parce qu'on aime Dieu, ses semblables, qu'on est humble et miséricordieux : on est chrétien parce qu'on a été baptisé, marié par l'Eglise, qu'on chôme les fêtes, et qu'on hait les juifs.

Ce serait pourtant un grand privilège d'être chrétien, si l'on en comprenait tout le prix, si l'on se persuadait bien de ce que ce titre renferme de douceur et de grandeur. Mais l'on n'y pense pas, et le fait de naître chrétien sans le savoir ôte aux Français une grande partie de la fierté et de la consolation qu'ils en devraient avoir.

Il est fâcheux que la religion ne s'acquière pas : peut-être aurait-elle beaucoup plus de prix. Il arrive, au contraire, que, comme l'on s'en trouve naturellement investi, l'on croit que l'on n'a plus rien à faire pour être chrétien, et l'on en induit souvent que cette précieuse qualité couvre tout, et que, fût-on impitoyable, intéressé, avare et débauché, l'on n'en est pas moins chrétien.

Ce sophisme, dont peu d'esprits sont exempts, pervertit toute idée religieuse. Il y a peu d'hommes qui ne fassent, en toute sûreté de conscience, beaucoup d'actes dont ils rougiraient s'ils voulaient bien y penser, et il arrive ainsi qu'il faut souvent dépouiller ce faux vernis de christianisme pour être bon, pour être compatissant, pour être désintéressé et pour faire vraiment acte de chrétien.

Mais l'opinion qu'on l'est suffit à bien des gens. Voudrait-on qu'ils eussent des vertus apostoliques quand personne ne les demande, et que le sentiment public leur fait crédit sur leur titre ? *Arsène* estime son curé, fait des dons à son église, exhorte ses serviteurs à aller à la messe, quand lui-même n'y va point ; il laisse sa femme remplir tous ses devoirs, et ne souffrirait pas que ses enfants négligeassent le catéchisme : il se croit chrétien.

*Bélise* ne se prive point d'apprécier son prochain, elle prononce sur les mœurs de ses voisins et de ses voisines ; elle croit de son devoir de les blâmer. Elle trouve que *Fernande* a tort d'aller au bal, quand elle-même se couvre de bagues et de pierreries ; elle critique *Pauline* de faire la jolie, et déclare que ses adorateurs méritent toutes les peines de l'enfer. Mais elle va à la messe, ne manque pas un sermon, donne des conseils à son curé, le blâme quand il fait des gaucheries, et lui désigne telle ou telle pécheresse, lance au besoin des foudres contre elle, et démande à Dieu d'avoir toujours une sainte colère contre les prévaricateurs : elle se croit chrétienne, et tout le monde le croit.

*Alcandre* professe que le Pape est le maître des rois et des empereurs : tous les hommages lui sont dûs ; il ne peut se tromper, il est infaillible, et, quand il a prononcé, tout doit se taire. Toutefois le Pape doit condamner les républiques, dire que l'alliance du trône et de l'autel est indispensable, que les modernes souverainetés sont des usurpations. Mais, s'il s'avise un jour de déclarer que la religion est indifférente aux trônes et aux empires, et qu'elle peut s'accommoder de tous les gouvernements pourvu qu'ils soient bons, le voilà déchu, son infaillibilité s'anéantit ; on le traite de petit esprit, de rêveur, et l'on compte les quelques années de méchant pontificat qu'il a encore à infliger au monde. *Alcandre* se croit chrétien, et bien des gens le croient.

Vous parlerai-je du zèle de *Théodule*? Il ne rêve que conversions, et n'est pas content s'il n'a pas fait chaque jour quelques catéchumènes. Il suit les armées dans les pays sauvages, fait des sermons pendant que les soldats se battent, et veut sauver de l'enfer tous ces pauvres vaincus avant même qu'ils ne soient sauvés de la mort. Sa charité consiste à les catéchiser, à les préserver de l'erreur, à leur faire balbutier des mots qu'ils ne comprennent pas, mais qui doivent leur donner une félicité éternelle. S'ils résistent, l'on n'a plus de pitié pour eux : ce sont des réprouvés, des brebis galeuses dignes de tous les maux. *Théodule* se croit chrétien, et n'est pas seul de son avis.

*Hermas* déclare qu'il faut une religion au peuple; il ne serait assuré de rien s'il n'en était profondément convaincu. Ces biens. ces terres, ces maisons, ces écus qu'il soigne et serre jalousement, on pourrait les lui ravir, s'il n'y avait pas un Dieu rémunérateur et vengeur. C'est beaucoup s'il ne pense pas que Dieu a une attention particulière à sauver son bien. Aussi est-il dévòt, ne montre-t-il qu'une partie de ses richesses pour ne pas exciter les convoitises, et confesse-t-il que la religion est uue excellente chose puisqu'elle permet au riche d'être tranquille. Vous scandaliseriez fort *Hermas* en lui démontrant qu'il n'est pas chrétien : il croit l'être beaucoup, et souvent les hommages qu'il reçoit de l'Eglise l'y confirment.

*Polyphonte* met sa religion à subventionner des œuvres. Il croit être fort généreux en consacrant un centième de son revenu à la gloire de Dieu. S'il n'était pas si prodigue, que deviendraient les Oblats. les Carmes, les Minimes et les Visitandines ? A côté de cela, il est du monde, est grand viveur, grand chasseur, va au cercle et au bal : on le voit à l'Opéra quand il y parait une nouvelle étoile, et parfois à l'église quand on lui promet la friandise d'un beau sermon. Il est galant, bon ami, ne médit un peu que des hérétiques, et trouve que tout va bien puisqu'on peut être à la fois religieux et jouisseur. Doutez-vous qu'il soit chrétien ? Il recevrait ce doute comme une injure.

*Antiphon* a un air contrit ; il baisse les yeux ; toutes les pompes de la terre lui sont indifférentes; il est charitable et donne une partie de son bien aux pauvres ; on ne voit en lui que douceur, que résignation. Parlez-lui de certaines gens, c'est un tigre déchaîné, les injures et les anathèmes sortent de sa bouche comme un fleuve intarissable, vous êtes surpris de cette impétuosité, vous lui en demandez la raison : il vous répond que celui qui ne sait pas haïr n'aime pas Dieu.

*Eliante* aime la religion fleurie : les églises et les chapelles ne sont jamais assez ornées à ses yeux; il lui faut de l'or, des rubis, des festons et des astragales; un Saint tout nu ou couvert de haillons lui fait pitié, et la Vierge doit porter sur elle autant de brocatelles et de pierreries que la reine de Saba. Elle ne veut pas que, du théâtre où elle se complait, elle trouve un changement en entrant au temple, et que Saint Denis, Saint Remi ou Saint Roch soient plus mal mis que Léandre ou Floridor.

*Théopompe* proclame que le Christianisme ou le Catholicisme doit être évangélique. Il va donc trouver les pauvres, les ouvriers, les déshérités; il leur dit qu'il est leur frère, qu'il veut les soulager et les sauver, que les riches, les patrons les négligent, et que l'Eglise condamne tous les faux riches, pour ne pas dire tous les riches. Sur cette assurance, les malheureux quittent leur travail, maudissent leurs patrons, perdent leur salaire, et, mourant de faim, s'adressent à *Théopompe* qui leur dit de souffrir en silence et de se résigner.

En voyant toutes ces déformations du sens religieux, on se demande parfois si le paganisme n'est pas plus vivant que le Christianisme, et si, au fond, il ne nous est pas plus naturel d'être païens que d'être chrétiens. Pour apprécier plus l'esprit que le corps, pour passer à travers la matière sans s'y salir, pour négliger tous ces accessoires en qui nous mettons souvent le principal, il faut une telle hauteur d'esprit, une telle intelligence, un tel dépouillement, que l'on comprend très bien que le gros des ho mes n'en est pas capable. Le Christianisme est un grand effort d'abstraction ; il faut non seulement que l'homme s'oublie, mais qu'il oublie tout ce qui peut le séduire et le charmer : or il lui est si difficile de n'être pas idolâtre, que fatalement il convertit tout ce qu'il touche en idolâtrie.

Il n'y a de remède à cette idolâtrie que d'être idolâtre du soi, et c'est un peu où penchent ceux qui se sont donnés comme réformateurs. Il faut, ou croire certaines interprétations qu'on a données de la révélation, ou se croire soi-même : or l'amour de son sens propre n'est-il pas la plus perfide des idolâtries ? On ne veut plus, il est vrai, d'images, ni d'autels, ni d'intercesseurs, mais l'on se renferme dans son temple à soi, rempli d'idoles quoi qu'on fasse : ce sont l'amour-propre, la vanité, l'opinion qu'on est saint et qu'on n'a pas besoin de Saints, et le plaisir de se croire plus chrétien que les autres. Tout cela nous flatte, nous gonfle, est la source d'un petit fanatisme fort perfide. Il y a, de plus, une contradiction fatale dans cette sécession : en s'érigeant en juge de sa foi, on s'insurge contre toutes les Eglises, et pourtant, en s'associant avec des gens qui croient tous penser par eux-mêmes, on est une Eglise.

L'idolâtrie et le formalisme nous guettent donc de toutes parts, et ceux qui ont voulu extirper l'idolâtrie, ont fait une religion maussade, sèche, qui donne souvent à ses adeptes l'envie d'être un peu idolâtres. Tout nous est bon pour remplir le vide de notre cœur. Le Christianisme a voulu le purifier, le vider, l'assainir ; mais nous ne songeons qu'à le remplir : tout y entre sans discernement, et, si Dieu y trouve une place, ce n'est qu'après avoir disputé l'empire à mille hôtes fort incommodes et fort tenaces.

Il est fâcheux que l'on ne puisse pas rendre la religion aimable sans la rendre grossière par certains côtés. L'on ne comprend pas qu'un commerce constant avec Dieu, la source de tout amour et de toute grâce, puisse impliquer la sécheresse, la raideur, l'intolérance, le penchant à la matière, et que nous ne nous spiritualisions pas quelque peu en cédant à notre instinct religieux. On voudrait que, dans la religion, les apparences n'eussent pas tant de mérite, que l'air contrit et modeste ne fît pas, aux yeux de bien du monde, la véritable contrition et la vraie simplicité de cœur, que certains ornements et certaines génuflexions ne dispensassent pas d'être doux et charitable, enfin que l'affectation de la vertu ne passât pas pour la vertu.

On voudrait aussi que la conviction, si elle existe réellement, empruntât d'autres dehors que ceux d'une certaine hypocrisie, qui met toute l'importance de la religion dans des signes, dans des attitudes, dans des décors, dans des mots. Le vrai chrétien devrait pouvoir se distinguer de celui qui ne l'est que des lèvres, ou qui n'a de la religion que l'extérieur. On devrait savoir qu'il prie sincèrement et modestement, qu'il aime et assiste ses semblables sans en faire parade, que, dans certaines démonstrations de charité, il a vraiment de la charité ; mais rien n'est plus malaisé que de faire cette différence, et on le confond volontiers avec des sycophantes, des jongleurs et des pharisiens.

*Atys* est humble, il est doux, il fuit les regards de ses semblables ; il entre au temple sans être aperçu, il se blottit derrière un pilier pour n'être distrait par rien dans ses méditations ; il demande a Dieu que, s'il a quelque vanité, il en soit puni ; enfin il sort en rasant les murs, donne, en se cachant bien, son obole à quelque malheureux. Comment le jugent les esprits forts de la ville ? Est-ce un homme de bien ? un vrai chrétien ? Non, c'est un dévôt, un cagot, un simple d'esprit, un comédien.

*Oronte* n'a pas plutôt entendu le son des cloches qu'il est devant sa maison, entouré de sa famille et de ses domestiques. Il va à l'église en cortège, se met au premier banc, se retourne à chaque instant pour voir si la foule le fixe et l'admire ; il serait presque jaloux du prêtre qui détourne l'attention du public de son importante personne ; il s'incline et s'agenouille immodérément pour que tout le monde remarque l'ardeur de sa componction ; et, quand l'office est fini, il sort en fendant la foule. qui s'écarte, qui se range, qui s'exclame, qui trouve que la paroisse est heureuse d'avoir un si bon et pieux paroissien.

## II

L'humilité d'esprit ne consiste pas, comme on le croit souvent, à ravaler sa raison, à s'incliner devant de vils objets. à s'évertuer à respecter ce qui ne peut être respecté ; elle ne consiste pas, comme le voulait Pascal, dans l'abêtissement. Ce serait un singulier christianisme que celui qui voudrait que notre intelligence, ce flambeau émané de la nature divine, ne nons servit de rien. Nous devons être humbles d'esprit comme nous devons l'être de cœur, c'est-à-dire que ni la matière ni l'esprit ne nous enorgueillissent ni ne nous corrompent. Nous devons mépriser la matière, et nous faire petits devant l'esprit. Voilà l'état du vrai chrétien. Mais si l'on veut que nous nous fassions petits devant des hommes, devant de la matière, que nous abaissions notre intelligence devant ce qui est stupide et inintelligent, quelle ironie! Eh! non : il faut croire petit ce qui est petit, anéantir en soi tous ces fantômes. C'est en nous absorbant, en nous annihilant dans l'esprit, que nous pourrons croire que nous ne sommes rien, et que l'esprit est tout.

La religion ne provoquerait pas tant de résistances si on la considérait de la sorte, si l'on n'en faisait pas un aveuglement volontaire, si, par un matérialisme raffiné on ne la distinguait pas des choses qui sont du domaine de l'esprit, si l'on n'esseyait pas d'en faire une institution politique, c'est-à-dire caduque et périssable, si nous n'y mettions pas nos passions, et si tout le monde se persuadait que prêcher l'amour de Dieu et des hommes, que demander la pureté et la simplicité de cœur, c'est hausser l'humanité au dessus de tout ce que le progrès le plus inouï puisse imaginer.

Mais que de préjugés, que d'erreurs, que de confusions! Si l'on veut que nous croyions certaines choses quoiqu'elles soient absurdes, ou parce qu'elles sont absurdes, n'avons-nous pas bien d'autres mobiles qui pervertissent notre jugement? Faut-il que la religion vienne s'y ajouter, et que, pour détruire certains sophismes on imagine d'autres sophismes? La religion n'est rien si elle n'est pas une lumière, et vous aurez beau me vanter les mérites et les douceurs de l'obscurité, cette obscurité ne pourra jamais être un aliment pour mon esprit.

Si l'on s'imagine que la religion ne demande aucune culture, et qu'elle ne nous oblige qu'à croire, l'on se trompe étrangement, car il y a bien des manières de croire, et il serait fort singulier que le jugement ne nous servît de rien en cette importante question. Si l'on avait quelque mérite à croire faussement, ne serait-ce pas excuser et amnistier toutes les fausses religions?

Il faut croire droit comme il faut penser et agir droit. Il ne faut pas que la religion soit un principe de gauchissement et d'aveuglement. Nous devons soumettre notre esprit au mystère, mais non à l'idolâtrie, au formalisme, au matérialisme, au pharisaïsme.

## III

C'est faute de se pénétrer de ce sage principe que nous voyons tant de déformations du sentiment religieux, et que, pour ne pas s'exposer à croire faussement, tant de gens se cantonnent dans l'indifférence. Cette indifférence est plus générale qu'on ne le croit, car la sincérité dans la foi parait aujourd'hui si rare, qu'on peut dire sans trop de témérité que la foi n'est souvent qu'une affectation, et de l'affectation à l'indifférence il n'y a pas loin, sauf qu'au lieu d'hésiter à croire, on se guinde pour avoir l'air de professer ce qu'au fond l'on ne croit pas.

Voilà pourquoi cette foi morte n'engendre rien de vivant, et qu'elle s'applique au contraire à ranimer vainement des choses mortes. Il vaudrait mieux, en vérité, ne rien croire que de croire à des fantômes. Cela vient de ce que l'esprit est aujourd'hui absent des croyances : c'est lui seul qui fait croire droit, et, faute d'esprit. nous nous attachons à des idoles, à des simulacres, à des apparences, à des vanités.

Aussi dire que la religion est presque partout aujourd'hui le refuge du matérialisme n'est pas une opinion trop hasardée.

Il y a sans doute des merveilles de détachement, d'abstraction de soi, de désintéressement, mais la plupart des âmes qui rompent avec le monde se font un autre monde de petites idolâtries, de petites pratiques, de petites passions, qui stérilisent leur retraite, font dire qu'elles n'ont fait que changer d'amour, et que leur cœur est resté aussi rempli de vanités que lorsqu'il sacrifiait à nos misères sociales. Et, en effet, avec tant de Thébaïdes, avec tant de lieux de refuge et de retraite, avec tant d'œuvres et de croisades apostoliques, le monde eut dû changer, mais il est resté païen ou indifférent, parce que l'esprit ne souffle pas de toutes ces solitudes religieuses, parce que le culte de la matière y est immanent, parce que ces tentatives ne sont pas une conquête sur la malice du monde. Il suffit de voir ce qu'a pu faire le Christianisme naissant, entouré d'embûches, de haines, d'hostilités, suspect aux puissants, suspect aux sages mêmes et aux penseurs : il a vaincu le monde parce qu'il représentait l'esprit en face de la matière ; mais aujourd'hui le matérialisme ambiant a en face de lui une sorte de matérialisme mystique qui, loin d'enflammer les cœurs et d'opérer des miracles, n'a pas la moindre vertu d'expansion, et ce qui était le Christianisme se replie et se perd dans une relique de paganisme.

Ce n'est pas, grâce à Dieu, qu'il soit éclipsé, car la lumière prévaut contre toutes les erreurs, mais ceux qui s'en disent les interprètes ne se rendent pas compte du secret de sa force et de sa vertu. Ils veulent en faire une domination, une puissance humaine, lui donner tous nos appétits, toutes nos ambitions, toutes nos fausses grandeurs : ils ne voient pas que le Christianisme c'est l'éternelle antithèse, que rien de ce que nous appelons humain ne lui convient, et qu'il doit former, avec les siècles, une autre humanité purgée de nos vices, de nos vains attachements, de nos idolâtries puériles, de nos haines sanguinaires, enfin de tout ce que nous trouvons aujourd'hui noble et grand.

Voilà ce que le monde, sans doute, verra un jour, mais, quant à nous, nous ne pouvons demander que de petits mouvements de Christianisme venant faire contraste avec nos instincts païens. Nous les trouvons dans ces soulèvements de la conscience publique quand la force est trop barbare, l'injustice trop criante, le pharisaïsme trop triomphant. Nous rêvons alors d'une humanité meilleure, où les méchants n'auront plus l'empire, où la justice aura son heure, où la faiblesse aura sa revanche. Mais ce sera toujours un sujet d'étonnement que ce noble souci ne hante que rarement les Eglises, qu'elles soient presque toujours prêtes à seconder la violence, que l'empire du monde les sollicite plus que l'avènement de la justice, qu'elles songent moins à secourir les pauvres qu'à les catéchiser, et qu'elles donnent souvent l'exemple de ces basses passions dont elles ne devraient pas même soupçonner le nom!

## IV

Le monothéisme est si difficile à concevoir, qu'il a presque toujours été dénaturé. Dans le Judaïsme et dans le Mahométisme, il a toujours été une conquête de la Divinité en faveur d'un peuple ou d'une race. Il est singulier qu'on soit plus intolérant pour ne croire qu'à un Dieu qu'en étant polythéiste, mais cela s'explique par la sorte de jalousie que les monothéistes ont de leur Dieu. Un seul Dieu devrait être le Dieu de tous, mais tous ceux qui y croient le conçoivent à leur manière, de sorte que, si l'on n'a plus réellement plusieurs dieux, on a plusieurs conceptions de Dieu, ce qui équivaut à peu de choses près. Les uns le conçoivent terrible, irascible, les autres le conçoivent clément, débonnaire, et, si l'on peut dire que, si les Grecs forgeaient leurs

Dieux par les passions qu'ils avaient, nous faisons à peu prés de même en attribuant à notre unique Dieu toutes nos concupiscences et toutes nos faiblesses.

L'ensemble du monde chrétien est donc, au fond, plus polythéiste qu'on ne croit, car les bigarrures que nos passions mettent dans notre dévotion ou dans notre culte différencient fatalement ce culte ou cette dévotion, si bien que, à voir comment tels ou tels s'imaginent ce grand Être, on ferait difficilement croire que ce soit le même Dieu.

Le monothéisme qui n'est pas anthropomorphite aboutit au déisme. On croit bien à l'unité du principe divin, mais c'est une notion si vague qu'elle ne peut inspirer de religion qu'à ceux qui n'ont pas assez de philosophie pour s'en passer. Et c'est là l'état d'esprit de la majorité des Français. Bien peu sont athées convaincus; la plupart de ceux qui se prévalent d'athéisme ne le font que par bravade, à moins qu'ils ne le soient par préjugés scientifiques. mais beaucoup de savants restent sur la défiance. On aime mieux omettre ou négliger la religion que de s'exposer à être taxé d'hétérodoxie. On la relègue dans le domaine du sentiment, où elle n'est gênante pour personne, et où elle peut être accueillante pour tous, même pour ceux qui n'y croient pas.

L'humeur accommodante des Français

fait qu'ils acceptent, à la rigueur, un dogme, pourvu qu'il ne soit pas conquérant. Le prosélytisme est admis en politique, en science, en philosophie, mais non en religion. Ils croient sans doute que la foi religieuse ne peut être active sans être intolérante, et l'intolérance vient trop déranger la douce quiétude de l'indifférence. Ce qui fait que la foi peut difficilement être sincère, car elle n'est sincère qu'en agissant, et, comme l'on ne veut point qu'elle agisse, elle ne peut être que languissante ou affectée.

Ce qui est admirable, c'est que cette ataraxie religieuse est une preuve et une condition de la douceur de nos mœurs. Nous ne savons plus être intolérants que très gauchement, et nous craignons même de l'être pour ne pas nous déconsidérer. Ce n'est pas que nous ne soyions très affirmatifs et très tenaces dans nos opinions, mais c'est que très souvent nous nous guindons et nous nous irritons pour paraître convaincus. Autant nous croyons peu, autant nous sommes fâchés qu'on ne nous croie pas, mais c'est un petit fanatisme personnel qui ne peut pas causer de grands dommages; et c'est, au contraire, parceque l'amour-propre est très fort en chacun de nous, que nous ne comprenons plus ces grands mouvements de fanatisme où le sens propre de chacun se perdait dans un enivrement et dans un aveuglement général. . . . . . .

Il y a là des singularités qui nous désarçonnent, car, au fond, nous sommes très moutonniers, et les entraînements français sont proverbiaux ; mais c'est qu'au fond nous sommes profondément irréligieux. Notre fanatisme, si fanatisme il y a, est à rebours de celui qu'on est habitué à voir. La religion, autrefois, se mêlait à tout ; aujourd'hui elle est un peu étrangère à tout. Nous n'aimons plus que les choses aient une couleur religieuse: nous marchons à la sécularisation universelle. Le gros des Français ne comprend plus que la religion puisse prendre un corps et traiter d'égale à égale avec les pouvoirs civils. On lui assigne un domaine de spéculation pure, où l'on lui permet à la rigueur de vivre, à la condition qu'elle ne soit ni ardente, ni ambitieuse, ni prêcheuse, ni moraliste, ni enfin trop sincère.

Il n'y a rien de plus singulier que d'entendre proclamer qu'il n'y a plus de religions d'Etat, qu'il ne doit plus y en avoir, et de voir, d'un autre côté, que tout ce qui est une religion, ou a l'apparence d'une religion n'a pas d'autre objectif que d'être protégé, choyé, subventionné ; que, quoi qu'elles disent, la liberté ne leur suffit pas, et que, si elles n'avaient qu'à compter sur elles-mêmes pour vivre, elle ne feraient que végéter.

On croit volontiers que les affaires de

conscience sont des affaires privées ; on se récrie lorsque notre liberté de croire, de manifester nos croyances, semble menacée; et pourtant l'on s'arrange de manière à ce que cette liberté soit sans cesse menacée, et que ce ne soit que par une sorte de révolte que nous pouvons prier, fréquenter les offices, élever et instruire nos enfants, et visiter nos pasteurs ou nos curés.

Nous ne sommes contents que lorsque le domaine de la conscience est devenu un domaine public, et lorsque l'Etat est intéressé à ce que nous ayons notre hiérarchie religieuse, nos synodes, nos fêtes, nos modes de pénitence. Nous rougissons presque d'une religion qui n'aurait d'autres témoins ni d'autres répondants que nous. Mais cette combinaison suppose un Etat très fervent : sitôt qu'il devient tant soit peu, indifférent, nous nous plaignons ; et s'il lui prend fantaisie d'être hostile, nous nous récrions, nous nous révoltons, nous accusons le Ciel et la Terre. Pourtant ce n'est qu'à nous qu'il faut nous en prendre. Nous voulons un culte officiel, c'est-à-dire qui prête prise aux ambitions, aux dominations, aux abus de pouvoir : faut-il nous étonner que ce culte officiel prenne les allures d'une Eglise, fulmine comme un Concile, excommunie ou suspecte tous ceux qui croient ou agissent indépendamment ? sitôt que, dans les affaires de conscience, on donne prise aux pouvoirs séculiers, on peut être sûr qu'ils en abuseront, qu'ils se montreront fanatiques et intolérants. Les Concordats peuvent amener une paix passagère, mais, au fond, ils ne sont qu'un leurre. Il vaut mieux, en réalité, que les pouvoirs séculiers vous persécutent, qu'il y ait un abime entre la force et la conscience, que d'avoir un régime bâtard, où les pouvoirs établis, sous prétexte de vous protéger, vous étouffent, et vous oppriment religieusement.

Telle est actuellement la condition de la religion en France. Le Christianisme n'y existe qu'à un état très latent, mais il démontre sa vitalité en ce que ni le matérialisme régnant, ni les intérêts, ni l'égoïsme, ni le pharisaïsme, ni l'idolâtrie, ni l'indifférence religieuse n'ont tout à fait pu l'obscurcir.

## V

La Religion dans son principe est ce qui doit unir les hommes. Et tout ce qui tient à la terre, à la matière, au bien-être, à la satisfaction des appétits, est tellement fait pour les diviser, que la Religion ne pourrait arriver au but qu'elle poursuit qu'en montrant aux hommes un autre monde, et en les détachant des attaches qui les retiennent à celui-ci. C'est donc là que le monde eût pu trouver la paix et la concorde si les divisions humaines ne se retrouvaient pas fatalement dans tout ce que les humains tentent et font. Si bien que cette union, ou, pour employer le vrai mot, cette *communion* n'a jamais pu se produire que dans des Eglises restreintes, fermées, jalouses les unes des autres, et que la Religion, jusqu'à ce jour, n'a guère été qu'un motif de scission. Non que l'idée religieuse, ou plutôt le préjugé religieux n'aient pas l'ambition d'universaliser le monde. L'excellence même que s'attribuent les sectateurs des confessions diverses leur fait désirer que tout le monde partage leur croyance, et ainsi, plus ils se croient saints, plus ils se croient infaillibles, plus ils sont portés à imposer leurs dogmes et à les faire régner artificiellement, soit par la violence, soit par l'intérêt, soit par la ruse, soit par la terreur.

Néanmoins ce besoin de communion n'est pas tout à fait refoulé par les entreprises de la force ou des prosélytismes particuliers. Tout le monde comprend au fond que c'est folie de se diviser sur un point où tout ce qui est proprement humain, c'est-à-dire les mille motifs de nous quereller et de nous diviser, les intérêts, les passions, l'égoïsme, les ambitions terrestres, devraient fatalement venir échouer. Malheureusement le pharisaïsme intervient, qui veut, non pas que tous les hommes soient unis dans l'adoration de Dieu, mais qu'ils se réunissent plutôt dans l'adoration de soi. Alors chacun veut avoir une religion plus éclairée que les autres ; ce qui devrait être humilité et abnégation de soi devient orgueil ; on se distingue, par son culte, par les faveurs divines qui vous sont octroyées, de cette tourbe ignorante qui ne sait que balbutier des prières. Et ainsi l'on devient plus exclusif, plus tyrannique, plus autoritaire dans le domaine de la conscience, où nous n'avons tous qu'un seul intérêt, que dans le domaine matériel, où surgissent à chaque instant des choses d'intérêts.

Le pharisaïsme éloigne des religions beaucoup d'esprits qui ne peuvent s'accommoder de cette fausseté, mais il subsiste dans beaucoup d'autres qui affectent de n'avoir pas de religion pour se distinguer du vulgaire.

On voudrait que ceux qui rompent avec l'idée religieuse le fissent pour rompre avec un grand préjugé, mais le préjugé les suit, quoi qu'ils fassent : ils intervertissent le sentiment religieux, mais ne le détruisent pas : ils sont aussi tranchants et absolus dans leurs négations que le sont les idolâtres dans leurs affirmations. Quoiqu'ils affectent de penser par eux-mêmes, on voit qu'ils sont les esclaves d'une manière de penser ou d'une manière de croire qui ne diffère en rien de la plus naïve crédulité.

*Polystrate* rejette tout mystère ; il ne croit ni à la création, ni à la continuité de l'action divine. Poussez-le sur la belle ordonnance de l'Univers, sur la régularité des phénomènes, sur la nécessité d'un premier moteur, il vous répondra par un sourire. Mais il vous parlera d'actions réflexes, d'influences occultes, de courants mystérieux, d'évolutions fatales ; il se fâchera si vous en doutez ; et, pour peu que vous teniez bon, il vous excommuniera.

On ne se douterait pas combien les plus grandes connaissances exigent de crédulité. Beaucoup de gens s'imaginent que lorsque certains esprits se sont révoltés contre les croyances vulgaires, c'est qu'ils ont devant eux une vive lumière qui les éclaire, qui les éblouit, qui les étreint. Non, c'est uniquement certains ténèbres qu'ils préfèrent à d'autres.

*Ion* est matérialiste ; il ne croit ni au commencement du monde ni à une fin ; il affirme que la matière est éternelle comme s'il l'avait créée. Il se repose dans cette idée ; il croit avoir trouvé le secret de l'Univers exactement comme le déiste qui se persuade qu'il a fallu au monde un premier architecte, et au mouvement de tous les mondes un premier moteur.

La preuve qu'on ne peut faire sur ces questions d'origine que des hypothèses, c'est qu'il y aura toujours des spiritualistes et des matérialistes, des panthéistes, des déistes et des athées.

On a fait des prodiges d'esprit incroyables pour déraciner le vieil argument des *causes finales*, mais l'on n'a pas pu encore dévier le sentiment humain au point de lui faire renier que « rien ne vient de rien » qu'une « ordonnance suppose un ordonnateur », et « qu'un édifice suppose un architecte. »

## VI

Il serait aisé d'établir que l'esprit religieux n'a jamais été plus fort que de nos jours. Car, jusqu'à ce jour le monde se reposait dans telle ou telle religion, ce qui revient à dire qu'il n'en avait pas, si avoir une religion consiste à se mettre au-dessus des formes et des coutumes pour adorer Dieu. On n'avait donc qu'un *formalisme* religieux, c'est-à-dire une manière stérile et desséchante de comprendre nos rapports avec la Divinité et l'humanité. Si bien que sortir de ce formalisme est vraiment un acte religieux, car c'est mettre l'esprit au-dessus de la lettre, et nous prouvons, par notre indépendance religieuse même, que nous avons plus le sens religieux que nos devanciers.

Nous n'admettons plus, par exemple, cet automatisme, qui semblait à de grands esprits, comme Pascal, l'essence du sentiment religieux. Le *Credo quia absurdum* n'a plus guère d'adeptes. Mais ce qu'il y a de singulier, c'est que, cet automatisme, nous l'admettons dans la plupart des actes et des convictions de notre vie. Et ce n'est que dans le domaine religieux que nous tenons à être indépendants, *libertins*, comme on le disait autrefois. C'est encore, au fond, un hommage rendu à la religion que de croire qu'elle ne peut pas être commandée, réglementée, mise en formules, et le fait que nous ne voulons plus être des automates catholiques ou chrétiens prouve que nous estimons plus la religion en ne la suivant pas servilement, que nous le ferions en la pratiquant machinalement.

De là la haine que nous avons pour la théocratie, haine qui est, à bien le prendre, la répugnance pour la tyrannie religieuse, la seule que nous ne puissions plus aujourd'hui comprendre. Et ce n'est pas, comme on le croit généralement, parce que la religion est en décadence, que nous subissons ce besoin d'affranchissement ; c'est, au contraire, parce que nous légitimons volontiers la tyrannie dans le domaine humain, mais non dans le domaine divin. Voilà pourquoi la religion n'est plus mêlée à notre vie comme autrefois ; elle ne façonne plus les hommes ; on l'écarte, on s'en défie, tant on a peur que, reprenant ses traditions de tyrannie, elle n'accapare tout notre être, et que, vivant dans le milieu de nos petits intérêts, de nos passions, elle ne dégénère encore en une coutume trop humaine pour être pure et respectée.

Ceux qui affectent aujourd'hui le zèle religieux ont le tort de vouloir faire croire qu'ils sont sincères : on les croirait volontiers s'ils avaient moins d'impétuosité, plus de discrétion, plus de charité ; mais leur manière d'être dévôts ou religieux conspire contre ce qu'ils cherchent à paraître, et, s'ils étaient clairvoyants, ils cacheraient plus leur zèle, et le montreraient moins.

On ne peut avoir plus d'onction que *Théophile* ; il met Dieu dans tout ce qu'il fait, mais il croit que Dieu a besoin d'être vengé des dédains de ceux qui l'offensent et qui le méconnaissent. Il se fait son chevalier, se dépite contre tous les infidèles, oublie toute charité pour une si belle cause ; il n'est plus chrétien ; il est Turc, il est Arabe, et il faut un effort d'esprit pour discerner s'il est le champion de Dieu ou du démon.

On ne sait pas toujours où commence le fanatisme, mais l'espace entre le zèle religieux et lui est si petit qu'en vérité l'on est excusable de s'y tromper.

— « D'où vient, dites-vous à *Théodecte*, que l'amour des hommes vous pousse à les persécuter ? » — « C'est, répond-il qu'il faut châtier ce qu'on aime. » Si ce sont là les sentiments qu'on a pour des frères, que serait-ce si on les détestait ?

## VII

Il suffit d'examiner les convulsions qui agitent aujourd'hui le monde moral pour se persuader qu'elles viennent plutôt de l'exaspération des fanatismes particuliers que du manque de foi. Jamais l'on n'a vu tant de docteurs infaillibles et impeccables, et l'on ne sait plus douter. Le vieux Fontenelle, qui disait que « s'il avait la main pleine de vérités, il ne l'ouvrirait pas », ne serait plus compris de nos jours. Il semble qu'il suffise de se passionner pour quelque chose, pour que cette chose devienne vraie. Rien n'est plus contraire à un sain raisonnement que cette complexion d'esprit. Nous avons ainsi une foule de vérités particulières qui se hérissent l'une contre l'autre, qui sont irréductibles, et qui n'admettent pas la seule chose qui puisse vous amener réellement à la vérité, c'est-à-dire le raisonnement, et l'abnégation de son sens-propre. C'est encore le besoin d'avoir une vérité particulière qui pousse beaucoup d'hommes vers la religion. Il leur semble alors que le fait de ne plus penser est encore une protestation ou une preuve de leur autonomie, et ils s'abiment dans les mystères, sans songer que ce sens-propre qui les y a poussés est le plus grand ennemi de la religion, et qu'il faut y entrer avec la simplicité et l'ingénuité d'un enfant.

*Cléophas*, après trente ans de dissipation et d'indifférence, se fait dévôt. Il foudroie les incrédules, et, si les bûchers étaient encore de saison, il les y enverrait. Mais il n'oublie pas de faire savoir au monde qu'un bel esprit, un poète, a été appelé à la Grâce et s'est converti. Le monde devrait s'étonner et s'édifier de ce miracle, mais il passe indifférent, et *Cléophas* constate avec amertume qu'un aussi grand acte ne l'a pas distingué ni exalté comme il le devait.

D'autres aiment à se donner le rôle de *pontifes* laïques. Ils dirigent les évêques et les pasteurs, au besoin les gourmandent, trouvent que le zèle religieux est trop tiède dans ces directeurs de consciences. Ils courent les villes et les campagnes, font des homélies, frappent sur les incrédules et souvent sur les croyants, et, s'ils peuvent conseiller le Pape, ils ne s'en font pas faute. Quel dommage que le monde ne leur soit pas livré! Ils feraient des catéchumènes, ils réveilleraient la foi, les gouvernements ne seraient plus athées, et les hommes ne donneraient plus le scandale de penser par eux-mêmes !

Il en est qui se font moines, non pas pour prier ni jeûner, mais pour se rendre compte de l'état d'esprit d'un moine. Vous apprenez alors tout le détail de la vie monastique. Vous assistez aux Matines, aux Laudes, aux Complies ; vous savez ce que c'est qu'une cellule de cénobite, vous apprenez de quelles racines et de quel brouet les moines se nourrissent, comment ils étudient, ou comment ils travaillent la terre. Puis on vous décrit le mobilier de leur chapelle, le détail de leurs hardes, les méditations auxquelles ils se livrent ; et les âmes pieuses sont édifiées qu'un homme du monde, un bel esprit ait été tellement frappé de la Grâce, qu'il vous décrive des lieux d'édification, au lieu de vous décrire des rues, des échoppes, des halles ou des marchés.

Rien n'est plus semblable au zèle religieux que le zèle anti-religieux. *Nabis* a été clerc et tonsuré ; il a quitté les ordres ; le voilà laïque, il se remet au train du monde, mais, par honte d'avoir été trop dévôt, il se fait anti-dévôt ; le hasard en fait un ministre ; aussitôt les monastères se ferment, les moines sont chassés, les crucifix proscrits, les évêques baillonnés : il ne rêve qu'excommunications et que persécutions.

Les accessoires de la dévotion, qui devraient être choses changeantes, caduques, y restent attachés comme la tunique de Nessus aux flancs du Centaure. Un dévôt sera toujours un conquérant, et, si les temps s'y prêtent, un persécuteur. Un homme qui croit posséder Dieu croira toujours volontiers qu'il doit posséder les hommes. On croit qu'un Moine fanatique a créé les Jésuites, mais le Jésuitisme a toujours existé, et il survit à toutes les croisades dirigées contre lui. On peut même douter que le tempérament *ligueur* soit tout-à-fait éteint. On est tout surpris de trouver chez des hommes qui se piquent de penser librement et de n'avoir pas de préjugés, de vraies haines d'iconoclastes. Les dragonnades retrouvent des apologistes : si l'habitude des bûchers et des auto-da-fé s'est perdue, on la ferait gaiement revivre pour brûler des juifs. De quoi se nourrissent aujourd'hui les pasteurs des âmes ? De l'Evangile, de lectures de charité, de méditations sur l'égalité et sur l'amour des hommes ? Nullement ; ils se délectent d'une feuille qui a mis la haine en tête de son programme, qui prêche la croisade et l'extermination, et qui veut qu'un million d'hommes, héritiers de la première religion qui se soit établie à la gloire de Dieu, soient traqués comme des bêtes fauves et mis au ban de l'humanité. On hait un peu les Juifs, parce qu'ils sont nos ancêtres, parce qu'ils ont annoncé la *religion de l'esprit*, et que leurs prophètes l'ont préparée. On veut que le Christianisme soit autochtone, et ne procède de rien.

Nous avons des feuilles contre les premiers monothéistes : nous n'en avons pas contre les idolâtres, contre les adorateurs des pierres ou des bêtes, contre les Papous ni contre les Tartares !

---

## LE CLERGÉ

Le Clergé est la seule caste en France qui ait survécu à toutes les révolutions et à tous les bouleversements. On a beau le baillonner, le persécuter, vouloir l'incorporer à la nation, faire des traités qui l'enchainent et le diminuent : ce sera toujours la France noire, qui aimera la France parce qu'elle est la fille ainée de l'Eglise, mais qui l'anathématisera parce qu'elle est fille de la Révolution.

Cet esprit de caste est tellement grand qu'un de ses membres qui pensera par lui-même sera toujours suspect, même au public, qui ne se pique pas de théologie, mais qui se persuade difficilement que deux prêtres puissent penser différemment.

Ce préjugé a créé en France un état d'esprit sacerdotal qui se moque de notre logique, de notre dialectique, de nos prétentions à la vérité, de nos méthodes scientifiques, et de notre mépris de l'autorité. On ne croirait pas que le même siècle ait pu produire Darwin, Renan, Pasteur, Berthelot, Littré, et tel évêque, qui à l'abri de la Bible, confondra tous ces malencontreux *intellectuels*. On se coudoie, on se salue, on se fréquente ; mais on est éloigné les uns des autres par un rempart de siècles.

Aussi bien s'habitue-t-on à l'idée que le clergé est irréductible. Les quelques défections qu'on voit se produire n'entament pas, à vrai dire, l'intégrité du clergé, car les dissidents, quoique n'étant plus prêtres, continuent à penser en prêtres ; et cet esprit sacerdotal est même tellement fort, qu'un prêtre devenu libre-penseur, ne peut tout-à-fait s'en défaire, et que, même dans les pages où il combat l'asservissement théologique, il fait des homélies. (1)

Il est bon que quelque chose, dans nos modernes sociétés, représente l'immutabilité, mais le clergé est, au contraire, travaillé aujourd'hui de l'idée d'innovation, et, pour ranimer le zèle religieux, pour rajeunir la foi, on ne rajeunit malheureusement que l'idolâtrie, on affine la superstition au lieu de la détruire ; on se jette dans toutes sortes de dévotions douteuses, et qui eussent épouvanté nos pères, on court les aventures, on veut à tout prix ramener les hommes qui désertent les temples, et, pour réveiller la foi, on fait mille choses qui la choquent et qui l'éloignent de plus en plus.

(1) Allusion à Renan.

C'est une étrange tentative que de réveiller la foi. Toutes les raisons qu'on donne en sa faveur tournent contre elle, car, lorsqu'elle est une fois éteinte, ni la raison ni la persuasion ne peuvent rien, et l'on a vu les tourments que se donnait Pascal pour ranimer en lui ce que le scepticisme et l'esprit géométrique démolissaient sans cesse. Il disait qu'il fallait *s'abêtir*, ce que les judicieux solitaires de Port-Royal ne lui ont jamais pardonné. Mais il avait raison en disant que la foi est affaire *d'automatisme*, c'est-à-dire qui dépend d'une pratique contraire à tous les principes de la raison. C'est un acte d'humilité ; et voilà ce qu'on ne comprend plus aujourd'hui, non que les progrès de la raison et les découvertes de la science soient de nature à donner à l'homme beaucoup d'orgueil, ni que la crédulité ne soit pas, comme à toutes les époques, une monnaie courante; le mystère n'a jamais plus sollicité les hommes qu'aujourd'hui ; nous avons des dogmes de toutes sortes, et des doctrinaires et des pontifes de toutes catégories. Que de dévôts avons-nous aussi qui ne demanderaient pas mieux que de faire des auto-da-fé ou d'élever des bûchers si on les laissait faire ! Mais ce qu'on remarque, c'est qu'on ne veut plus d'une foi séculaire, qui sent le préjugé, qui respire la conduite des vieilles choses : on voudrait une foi nouvelle, une foi moderne, et, en attendant qu'elle puisse s'établir, la crédulité publique s'attache à des superstitions modernisées, à des fanatismes qui se recommandent témérairement de la raison, à des idolâtries rafraîchies, ne se doutant pas que ce qu'elle exalte et ce qu'elle adore est vieux comme le monde.

On s'attendrait à ce que l'ancien et le nouveau fanatisme se pénétrassent, comme poursuivant le même but, qui est de forcer la crédulité des hommes; mais, au contraire, tout mouvement de fanatisme dans le sens de l'ancienne foi est immédiatement suivi d'un mouvement de fanatisme dans le sens contraire, et, ainsi, l'humanité se divise de plus en plus, un profond fossé sépare les hommes, on ne se comprend plus, quoique partant, au fond, d'un même sentiment ou d'une même passion ; et l'on se persuade de plus en plus que ce qui reste un, universel et véritablement *catholique*, c'est le fanatisme.

Il faut laisser cette justice à l'Eglise qu'elle a su réaliser, dans le courant des siècles, une unité, une communion dans la foi qu'on ne peut qu'admirer ; non que des dérivations de la foi ne s'y produisent pas souvent ; mais la complexion des hommes étant alors principalement théologique, la théologie finissait par rapprocher les opinions les plus diverses : c'était une concentration du fanatisme, qui, prévenant les assauts d'un fanatisme moins sauvage et plus discipliné, produisait, en somme, beaucoup de bien. Il faut remarquer aussi que cette sorte de discipline générale précautionnait l'Eglise contre bien des nouveautés et des témérités qu'on a vues depuis un siècle. La foi n'avait pas besoin d'être sollicitée ni réveillée ; on n'avait pas besoin de dogmes nouveaux ; il y avait, dans l'ancienne constitution de l'Eglise, et dans cette doctrine séculaire, mille choses qui, par la profonde connaissance de l'homme, et par leur parfaite adaptation à ses besoins, satisfaisaient la raison ; et c'est pourquoi beaucoup d'esprits, et de grands esprits, y trouvaient à la fois une solide nourriture de l'âme, et les règles d'une police admirable.

Il n'en faut pas conclure que la mentalité des hommes était alors autre, mais il faut dire que les conducteurs de l'Eglise prenaient à tâche de viriliser le catholicisme autant qu'ils le pouvaient, de manière à ce qu'il séduisît le plus possible la raison, et qu'il fût conforme, comme disait Bossuet, à ce bon sens général qui, en toutes choses, est la vérité. C'est ce qui en faisait les ennemis de toutes les rêveries mystiques, de la religion trop fleurie, des fantaisies moralisatrices des casuistes, des ambitions désordonnées de l'ultramontanisme. Voilà pourquoi le cartésianisme, qui, au fond, était une grande négation religieuse, ne les scandalisa pas tout d'abord, car il s'autorisait, comme eux-mêmes, de la raison, la maîtresse souveraine des hommes, et du bon sens universel. On ne vit les épines cachées sous ces belles fleurs, que lorsque la raison, déclarée comme l'arbitre général de toutes choses, entraîna la déchéance de la foi, proscrivit tout ce qui était autorité, enthousiasme, coutume, sentiment aveugle et non raisonné, automatisme. Ce fut alors que les assises de l'Eglise furent véritablement ébranlées, car le cartésianisme, d'antidogmatique qu'il était auparavant, ne tarda pas à se faire dogmatique, et alors, au caractère de la foi ordonnée, réglée, raisonnable d'autrefois, s'opposa une autre foi, une nouvelle mentalité qui devait infailliblement détrôner tout ce qui était ancienne croyance. On s'écarta alors, d'un côté et de l'autre, de ce bon sens, de ce Christianisme raisonnable, qui, au dire des docteurs du dix-septième siècle, pouvait servir de base aux esprits les plus indépendants. La foi, du côté du clergé, se mit dans un dogmatisme outrancier, et dans un renouvellement d'idolâtrie ; du côté des laïques, dans les entraînements et les mirages de l'esprit scientifique. L'Eglise française se fit anti-cartésienne, et, par conséquent, un peu anti-française ; et, au lieu de viriliser le catholicisme, c'est-à-dire de le rendre robuste et inexpugnable aux attaques de la libre-pensée, elle ne s'attacha qu'à le *féminiser*, c'est-à-dire qu'à le rendre inintelligent et plaisant aux esprits faibles.

Telle est aujourdhui la religion du clergé de France. Le clergé est une antithèse, et, dans un monde qui se pique de logique, les antithèses ne peuvent se soutenir. Ce n'est pas que, dans un sens, il ne soit pas dans le courant chrétien, car, Dieu merci, les vertus n'y sont pas rares, ni le dévouement contestable ; mais, à côté de lui, il y a un autre courant chrétien qui infirme le dogmatisme, les idolâtries, les pratiques païennes, le pharisaïsme, et, ce courant, au lieu de le suivre, il le remonte. Il ne sait pas non plus dissimuler ses ambitions temporelles, et c'est ce que le peuple de France ne peut lui pardonner. On ne lui marchanderait pas une autorité spirituelle franche de tout esprit de domination, mais ce qui paraît insupportable, c'est ce despotisme latent qui se trouve au fond de toute aspiration cléricale. Ce qu'il y a d'extraordinaire, c'est que les mécomptes n'aient pas corrigé le clergé et ne l'aient pas dégoûté de lier sa cause à celle des gouvernements les plus impopulaires et les plus caducs ; et, ce qu'il y a de plus extraordinaire surtout, c'est qu'il puisse encore s'imaginer de bonne foi que, si on lui laissait l'empire, il ferait de tous les Français incroyants des fidèles humbles et soumis. Il en est toujours dans la théorie du *Compelle intrare*. Si jamais Jésus a prononcé ce malheureux mot qui a fait couler tant de sang, ce ne peut être que dans un moment d'oubli. Ce qu'il voulait, en fondant l'Eglise, c'est une association pure de tout mensonge, de toute contrainte, de toute entreprise de la force qui souille tout ; et, s'il a chassé du temple les vendeurs, les trafiquants des hochets religieux, les pharisiens et les hypocrites de toutes catégories, ce n'est pas pour y appeler des Chrétiens de bouche, des adorateurs du veau d'or, ni des sycophantes.

Il y a, dans la décadence du cléricalisme, un fait qui doit frapper les yeux de tous ceux qui jugent sainement, c'est qu'une déchéance ne peut être qu'une suite de fautes accumulées. Ce qui est fort et sain ne peut être décadent. Si le clergé avait raison, s'il était dans la vraie ligne du Christianisme, s'il avait le souci de l'essentiel avant d'avoir celui des accessoires, s'il se défiait des mirages d'un pouvoir temporel, s'il écartait franchement les passions qui ne devraient entrer dans aucun cœur chrétien, toutes les persécutions dirigées contre lui seraient sans effet, et le fortifieraient plutôt qu'elles ne l'affaibliraient. Mais comme, au contraire, sa défense consiste à rester dans ses préjugés, comme, en général, l'obstination ne fait que fortifier les erreurs et augmenter la fausseté des situations, comme, d'autre part le matérialisme religieux, dans lequel il se cantonne, est tout ce qu'il y a de plus répugnant, on ne voit pas qu'il y ait d'issue dans le cercle vicieux où il se complait.

S'il était sage, il devrait rire de tous les assauts de fanatisme dirigés contre lui ; il devrait y opposer ce dédain et cette sérénité qu'opposaient aux persécuteurs les premiers et les plus grands des Chrétiens, s'humilier et regarder humblement par quoi il a péché, secouer ses connivences avec les pouvoirs publics, supprimer toutes les petites idolâtries, se rappeler que le culte de Dieu est le culte de l'esprit, rompre avec les petitesses du formalisme, s'inspirer des grandes idées de charité et de fraternité, se méfier de toutes les servitudes, comprendre la véritable liberté que le Christ a apportée au monde, voir enfin les vrais triomphes du Christianisme, non pas ceux d'un pouvoir politique et matériel où l'esprit est comprimé et étouffé, mais ceux de la liberté, de la sincérité, de la tolérance, de la pureté du cœur, de la solidarité, enfin de l'idéalisation de plus en plus grande de l'esprit religieux.

Jusque-là le clergé sera une épave, digne de respect et de ménagements par ses grandes traditions, par les vertus privées qui l'honorent, par l'esprit démocratique qui l'anime, par son improbation des appétits vulgaires, par la digue salutaire qu'il peut opposer au matérialisme, par le fait que, dans la décadence des pouvoirs spirituels, il est la seule institution qui puisse encore en donner l'idée. Il mérite enfin notre estime et notre appui en tant que persécuté, car la persécution donne toujours aux causes qui en sont la victime une sorte de majesté et de raison que ne peuvent avoir les assauts du fanatisme et de la violence.

## II

Les nécessités modernes ont beau paraitre aux sectateurs de l'ancienne foi des œuvres du démon et des manifestations de la concupiscence, le clergé français se modernise par bien des côtés, car enfin, à quelque dogme que l'on soit inféodé, il faut être de son temps. Voilà pourquoi on peut l'accuser parfois d'être trop moderne : il sent qu'il faut qu'il se fasse supporter dans une société qui, dans son ensemble, est si éloignée de ses maximes, et cela le porte à être plus intelligent, plus habile, plus fécond en ressources que beaucoup de gens d'affaires, d'excellents administrateurs, et de financiers. C'est la loi du vouloir-vivre qui le pousse à se faire pratique, parfois procédurier, souple et délié, joint que l'esprit casuiste n'a jamais été tout-à-fait mort dans l'Eglise, et que l'habitude du Droit Canon et de la somme de Saint Thomas porte volontiers à la subtilité. Aussi les prêtres sont-ils, en général, d'excellents conseillers en affaires : il est rare qu'ils ne trouvent un biais pour sortir des plus grandes difficultés ; et, comme ils regardent volontiers la loi civile comme une servante, une subordonnée de la loi religieuse, ils ne craignent pas de l'outre-passer quelquefois et de la trahir pour servir, à leurs yeux, de plus hauts intérêts. Il faut ajouter que les lois de l'économie vulgaire ne sont pas en grand honneur dans les conceptions politiques et sociales nouvelles : le prêtre qui, en général, est fils du peuple, la comprend, lui, l'incarne en soi, l'adapte aux affaires générales du clergé. Il faut voir comment il se tire d'affaire avec son maigre budget : il n'y a pas de meilleur intendant ; d'une église pauvre il fait une église riche comme par miracle ; il tire les écus de la poche des gros paysans avares et têtus ; il multiplie les dorures et les astragales pour plaire aux femmes ; souvent il met à contribution la France entière ; la poste colporte dans tous les coins du pays, des poignées d'indulgences pour une bonne œuvre : c'est un joyau de vieille architecture qu'il ne faut pas laisser dépérir : c'est un temple tout neuf qu'on ne peut laisser inachevé : c'est un sanctuaire délabré, dans lequel on ne peut laisser décemment la Vierge faire ses apparitions et donner ses consolations ; et la France sceptique et gouailleuse paie, et tel, qui ne met jamais les pieds dans une église, apprend, par la bonne presse, qu'il a fondé une basilique à *Puyvalador*, ou doté d'une belle église les paroissiens de *Saint-Pierre-les-Ifs*.

Le zèle dévòt n'a jamais été tendre, et la charité sera toujours ce que les hommes comprendront le moins, mais on souffre de voir le clergé avoir une presse beaucoup plus agressive, plus àpre, plus violente que les partis même les plus violents. On s'étonne que des âmes remplies de l'onction ecclésiastique, confites en dévotion, dont le premier dogme est l'amour de Dieu et des hommes, puissent se complaire à la lecture de pages pleines de bave, dont la médisance, l'invective, et même la calomnie sont tout le fond, et ce qu'il y a de pis, empêcher les Chrétiens d'être charitables et justes, les pousser à des croisades indignes, enseigner publiquement que la Rédemption divine n'a pas régénéré certains hommes, ne les a pas rendus dignes de la Grâce ni de la pitié. On s'étonne, et l'on se demande si ces soi-disant hommes de Dieu ne sont pas plutôt des hommes du démon, et si la haine, l'aigreur, la complaisance à l'injure, le défaut total d'indulgence et de commisération sont de la religion.

Le Christianisme aurait certainement plus d'empire sur les hommes si ce n'était la différence des sectes. Car on peut dire que plus de la moitié de son action est entravée par les haines privées, par le fanatisme, par la concurrence souvent âpre et déloyale que l'esprit de secte engendre. Les uns, par esprit de secte, font Dieu plus terrible qu'il ne doit l'être, les autres l'adoucissent trop ; d'autres amalgament la bonté et la justice de Dieu si subtilement qu'on ne sait plus ce qu'il faut en croire ; enfin, dans ces disputes, l'on ne sait plus ce que doit être le vrai chrétien, et la véritable manière de l'être reste le problème le plus ardu de notre temps.

L'on a vu pourtant, en ce commencement de siècle, d'intéressantes et touchantes communions, en dehors de l'esprit sacerdotal, et chose singulière, on a vu que le Judaïsme, le Boudhisme, le Lamaïsme, le Mahométisme et le Christianisme peuvent se fondre ensemble dans un même symbole de charité, d'amour de Dieu et de fraternité. (1) Mais l'on n'en a pas conclu que les

(1) Allusion au *Congrès des Religions* tenu à Chicago en 1902,

Eglises particulières étaient un obstacle à cette fusion, car malheureusement le monde n'est logique que par fusées. On a admiré le Congrès des Religions, on l'a chanté sur tous les tons, mais il n'a pas eu de lendemain. Les leçons de la charité, de l'union, de la concorde, de la *religion* (1) bien entendue ne sont jamais comprises, et l'on n'a d'application et de goût qu'à ce qui divise, qu'à ce qui passionne, qu'à ce qui aigrit, et qu'à ce qui fanatise.

On en arrive à cette désagréable persuasion, que les hommes se supporteraient mieux, s'ils n'avaient, dans les différentes religions, des raisons de se haïr, de se persécuter, de se tourmenter de mille manières, et qu'ainsi ce qui devrait les moraliser, les purifier, les solidariser, les élever dans l'échelle de l'humanité, est au contraire ce qui les abaisse, ce qui les ravale, et ce qui les corrompt.

Car, de quelque équité qu'ils veuillent bien se piquer, les prêtres, les ministres, les pasteurs ne prêchent vraiment la fraternité que pour ceux de leur troupeau, et n'admettent tout au plus pour les autres qu'une justice vague, et qu'une charité bien tempérée par l'aversion qu'ils ont pour leurs égarements. S'ils voulaient être

(1) Le mot *religion* vient du mot latin *religare*, qui veut dire *relier*.

sages, ils se diraient qu'il ne faut être dogmatique en rien, surtout en religion, et que de se croire supérieur à qui que ce soit dans la conception du Christianisme, est un de ces péchés d'orgueil que le Christianisme ne pardonne pas.

C'est une des faiblesses de la nature humaine qu'il faille une concurrence, une lutte religieuse. « L'indifférence, disait je ne sais quel grand esprit, est la mort de l'âme. » Il est donc nécessaire que chaque religion soit un privilège et comme une sorte de prédestination, que chacun soit convaincu que lui seul est sauvé, et que les autres sont réprouvés. « *Oportet haereses esse* » disait Saint Paul. Mais que de violence, que d'orgueil, que de fanatisme, que d'étroitesse d'esprit, une telle préférence ne fomente-t-elle pas ? Nous ne pouvons être meilleurs qu'en étant religieux, et la religion nous enseigne à être exclusifs, jaloux, autoritaires et impitoyables !

Beaucoup de gens voudraient que le clergé fût plus instruit, eût de belles manières, sût le beau langage, et pût répondre à la conversation d'un duc ou d'une duchesse. Hélas ! le clergé n'a déjà que trop pris de nos défauts. Il faut au ministère religieux des âmes simples, primitives : ce n'est pas de cette simplicité qu'il faudrait se plaindre. Ce qu'il y a de fâcheux, c'est qu'il n'y a presque plus d'âmes simples, et que beaucoup de ceux qui briguent le ministère religieux le font par intérêt, par ambition, et par des motifs trop humains.

## III

Les ministres des religions dissidentes, tout en s'élevant contre la discipline et le régime du clergé catholique, prennent en grande partie l'esprit de ce clergé dès qu'il s'agit du *temporel*, c'est-à-dire de ce qui fait que, étant hommes, ils sont forcés de vivre, de se nourrir, de se vêtir et de représenter.

L'appât d'une rente, d'une prébende fait souvent ce que la foi la plus vive paraît faire. Le budget des cultes a fait plus de pasteurs et de ministres que la confession de foi d'Augsbourg. Nous n'en sommes plus aux Jean Huss, ni aux pasteurs des pauvres Camisards. L'hérésie s'est faite officielle, et, partant, dogmatique. Il sied mal aux cultes d'être protégés. On n'a déjà que trop de tendance à se croire infaillible, pour que l'investiture officielle, des prébendes, des immunités ne renforcent pas encore la bonne opinion que l'on a de soi, et ne vous amènent pas doucement à l'intolérance.

On parle de séparer les Eglises de l'Etat.(1) Ce serait un excellent moyen de faire le départ entre les vertus vraiment religieuses et les vices que les religions doivent au régime temporel auquel elles se sont asservies. Mais cette proposition fait un grand scandale parce que l'on ne songe pas à la pureté et à la dignité de la religion, mais au profit que les Eglises en tirent, et que la maladie officielle rend les clergés aveugles sur les vertus et la puissance de l'idée religieuse.

Quand le temps sera venu où le ministère religieux ne sera plus une carrière ; quand le pharisaïsme sera tout-à-fait sorti d'un domaine où nos passions ne l'entretiennent que trop ; quand l'on comprendra que le sacerdoce n'est pas essentiel à la religion, et que ce qu'on appelle la *science religieuse* est plutôt du domaine des savants que de celui des pasteurs ; quand l'on se convaincra que toute hiérarchie religieuse est contraire aux vrais principes du Christianisme ; quand l'on se persuadera que ce qu'on appelle l'Eglise ne doit pas être une caste de privilégiés, mais l'ensemble de l'humanité communiant dans une même foi et dans les mêmes espérances ; alors le problème religieux aura fait un grand pas, et l'on ne verra plus les hommes tourner

(1) Ceci était écrit en 1904.

et s'enliser dans des épaves d'idolâtrie, dans des ambitions de domination spirituelle, dans des attaches avec le siècle, et dans un pharisaïsme sacerdotal qui éloigne du clergé tant de bons esprits !

On ne connaîtra jamais tous les méfaits de l'esprit sacerdotal. Où n'entre-t-il pas aujourd'hui ? Où ne pontifie-t-on pas ? Où ne proclame-t-on pas l'infaillibilité ? Où n'excommunie-t-on point ? Les hommes ont bien vu que des principes ou des maximes débités avec pompe, avec un certain appareil, avec une assurance imperturbable, avec des menaces d'excommunication tenaient l'humanité dans le respect et presque dans le tremblement. Ils ont vu cela ; ils se sont assimilé tous les oripeaux de l'ancienne domination cléricale, et se sont faits pontifes.

Les exemples qu'a donnés l'Eglise catholique servent aujourd'hui d'instruments contre elle. Ses ennemis ne seraient pas aussi retors, aussi exclusifs, aussi irréductibles, aussi pleins d'eux-mêmes, aussi fanatiques en un mot, si l'Eglise n'avait donné tant de leçons de fanatisme.

Les sociétés occultes, les initiations, les menées ténébreuses, les croisades impitoyables, les persécutions, l'opinion qu'on a seul le dépôt de la vérité, tout cela n'est que du cléricalisme retourné. Il est fort probable que les hommes n'auraient pas les passions qu'on leur voit, ou qu'ils en auraient de toutes différentes, si le besoin d'être une petite Eglise, de pontifier, de dogmatiser, d'excommunier, en un mot de tourmenter le monde n'était un suprême régal pour beaucoup !

---

## L'ARMÉE

L'armée est assez bien le reflet de la nation française. Le point d'honneur, l'amour des distinctions et des broderies, le préjugé nobiliaire, le goût de la bataille, l'esprit de caste, le plaisir de commander, des traditions de chevalerie, tout s'y trouve à souhait pour flatter notre atavisme gaulois.

Malheureusement tous ces sentiments et toutes ces traditions sont battus en brèche de plus en plus, de sorte que, d'un côté, nous avons l'armée qui convient à nos préjugés, mais non pas l'armée qui convient à notre état social.

Il y a donc manque d'harmonie entre l'armée et la nation. Mais nous ne voulons pas trop nous en apercevoir, d'abord parce que nous sommes tous, en dépit de nous-mêmes, un peu militaristes, et que, d'un autre côté, nous ne saurions concevoir une armée qui n'ait pas tous les beaux préjugés dont nous parlons plus haut.

Il suit de là que l'armée conserve un ascendant qu'elle ne devrait plus avoir parce que nous admettons difficilement que les idées nouvelles puissent y entrer, et que ce sont les idées nouvelles seules qui pourraient lui donner un regain de santé et de force. S'il est convenu que l'armée ne peut être qu'une institution d'ancien régime, il est malaisé de la faire entrer dans le rouage des institutions modernes ; et, pour la soutenir, il faut lui conserver des principes d'autorité, de férule, de discipline, d'inégalité, d'hiérarchie et de dépendance qui ne sont plus de notre temps.

Mais c'est à ces principes mêmes qu'elle se cramponne avec héroïsme, car c'est toujours à ce qui est caduc que l'on tient le plus désespérément. Il arrive ainsi que ces règlements, cette discipline, ces classifications, cette hiérarchie paraissent d'autant plus durs et hérissés, qu'on ne les comprend plus. Ainsi, quoi que l'on fasse, l'armée perd journellement un peu de sa force : c'est à la profession des armes qu'une grande partie de la nation tient, parce que c'est une profession ; c'est aux titres et aux galons qu'une autre partie tient, parce que cela constitue une manière d'aristocratie ; mais toute conviction manque à ces adhésions, à ces vocations qui n'en sont plus. L'esprit de la nation s'en détache et va ailleurs : l'intelligence ne peut adhérer qu'à ce qui est vital et intelligent ; et ainsi l'armée est de plus en plus un corps mort que la France traîne après elle.

Observons néanmoins que les reliques d'esprit chevaleresque, de bonne et saine discipline, d'abnégation et de dévouement qui se trouvent encore dans les bases de cette vieille institution, ne manquent pas de porter encore de bons fruits, car ce qui est sain reste toujours sain. Mais il est à craindre, et c'est ce qui arrive en effet, que ces principes ne se sophistiquent dans un milieu, dans un atmosphère qui ne leur convient plus. Certains soldats se croient volontiers des conducteurs d'hommes, des sauveurs de la société, parce qu'ils ont un millier d'hommes à conduire. Les principes de la discipline peuvent devenir des principes de résistance et de révolte, et la salutaire hiérarchie un ferment de despotisme. Tel croit se dévouer au pays qui médite et élabore un complot, qui harangue ses troupes, qui les fait marcher contre le peuple, ou qui emprisonne ses représentants.

C'est ainsi que l'armée, ou du moins certaines parties de l'armée se faussent à elles-mêmes le sentiment de leurs devoirs. Et cela n'est pas étonnant, parce que l'armée se persuade aisément qu'elle est toute la force d'un pays, tandis qu'en réalité elle n'est que l'émanation de cette force. Une nation forte aura une armée forte quand elle le voudra, tandis qu'une nation faible, qui voudra se donner une armée forte par ostentation, s'affaiblira tout d'abord davantage, et n'aura qu'une armée faible. Mais l'on a les yeux absolument fermés à cette vérité, et l'on croit facilement que l'armée est une sorte de caste à part, ayant ses maximes propres, et se perpétuant, avec ses vieux préjugés, dans un monde social nouveau dont elle n'a cure. Il est peu de militaires qui soient absolument exempts de ce sophisme.

Le plus grand nombre s'imagine que l'armée, étant la force organisée, est un élément fatal d'opposition à toutes les institutions caduques et chancelantes : il y a solidarité entre elles. Jamais l'on n'a vu autant de généraux cagots, de colonels dévôts, et de capitaines mijaurés que de nos jours. Sous la Restauration, qui pourtant était un beau temps pour la dévotion, l'armée était plus républicaine qu'elle ne l'est aujourd'hui. Un curé respecte un général, un colonel, peut-être plus que son évêque, et il ne lui manque, pour être sous ses ordres, que de porter un fusil et d'avoir des épaulettes.

Ce grand malentendu qui règne entre l'armée et la nation empêche toute pénétration de l'une dans l'autre, et elle met même la division dans l'armée. Car, quels que soient les préjugés qui règnent dans les hautes régions militaires, il y entre fatalement quelques esprits plus clairvoyants, plus intelligemment ambitieux, qui, voyant la fortune invincible de l'idée démocratique, rompent en visière avec les principes théocratiques, témoignent même contre eux un fanatisme très exalté, considèrent ceux qui les professent comme des ennemis, les dénoncent aux pouvoirs publics, et empêchent les chefs de gagner leurs grades parce qu'ils ont plus servi l'autel que le pays. Cette campagne est injuste comme tout ce qui est dicté par le fanatisme, car l'on ne voit pas que le zèle religieux, sincère ou affecté, de certains chefs les ait poussés à se faire séditieux, et l'on devrait, au contraire, plutôt admirer que, ne professant pas les maximes de la nation, ils aient pu mettre leurs convictions au-dessous de leur devoir, et rester, quoique dévôts, de bons soldats.

Mais il n'en est pas moins vrai que c'est dans l'armée que se réfugient aujourd'hui la plupart des préjugés que le vent du siècle a balayés dans l'ordre civil. Il faudrait peu de chose pour que l'armée et le pays ne se comprissent plus du tout. Il se fait, dans la sphère militaire, une déformation de beaucoup de principes qui dirigent la société. On y est plus sectaire qu'ailleurs, on y suit des mots d'ordre, le fanatisme y fleurit. Tel, qui veut combattre la dévotion des chefs, se fait le dévôt d'une société secrète et mystique. On se dénonce les uns les autres, et tous ces dénonciateurs ne se doutent pas qu'ils agissent tous de même, et que, en se montrant fanatiques dans les sens divers, ils achèvent de discréditer et de corrompre l'armée.

Le danger des épurations est de donner à beaucoup de gens l'opinion qu'ils sont purs, tandis qu'ils n'ont qu'un autre genre d'impureté que ceux qu'on soupçonne de n'être pas intègres. Il sied mal, en effet, à *Polémon* d'épier ses collègues, de faire des rapports sur leurs opinions et sur leur conduite, mais *Zoïle*, qui le dénonce, épie de son côté, classe ses camarades en dignes et en indignes, et met toute l'armée aux pieds d'un rochet ou d'une soutane.

Les corps qui ne peuvent remplir leur mission, qui sont des épaves au milieu des institutions nouvelles, qui manquent d'une vraie raison d'être, passent leur temps à s'examiner, à se suspecter, à se critiquer. Si l'armée avait encore à faire la guerre, on ne verrait pas tant de rapporteurs, tant de censeurs, tant de délateurs, et l'on n'aurait pas tant de souci de savoir comment X... se comporte dans son intérieur, si c'est lui qui mène sa femme ou si c'est sa femme qui le mène, s'il est idolâtre ou républicolâtre, et s'il va à la messe ou au club.

La question poignante aujourd'hui pour les officiers est celle de l'avancement. Comme on ne peut plus guère avancer pour des actions d'éclat, il faut qu'on cherche à se prémouvoir par d'autres services. Il coûterait moins à *Ariston* de s'exposer aux balles, de s'emparer d'une ville close, de charger au milieu de la mitraille, que de flatter tel ministre ou tel commis, de rappeler humblement qu'on l'oublie, de faire valoir son âge, de montrer patte blanche à tel fanatique dévôt, ou à tel fanatique libre-penseur, mais il le faut, au risque de mourir dans une infime garnison, en qualité d'enseigne ou de petit lieutenant.

Il en résulte que, comme tous ces chefs, petits ou grands, ne sont pas pénétrables, il faut qu'ils s'excluent mutuellement, et, de là, il est difficile qu'ils soient justes et équitables les uns pour les autres. Ils sont, vis-à-vis les uns les autres, à l'état d'obstacles, et alors il faut les excuser de ce besoin d'élimination, de suspicion, de déconsidération de tous ceux qui sont sur leur chemin. Il faudrait qu'ils fussent des anges pour ne pas s'aveugler, se passionner, pour ne pas mettre obstacle à la promotion qui les laisse, eux, dans l'ornière. On accuse ses concurrents d'être dévôts ; on les accuserait tout aussi bien d'être impies, pourvu qu'ils n'arrivent pas, pourvu qu'ils achoppent, pourvu que leur astre en soit pâli.

Ce n'est pas que les lois de l'honneur militaire soient plus méconnues que jadis, mais celles de la compétition sont aujourd'hui plus tyranniques, plus draconiennes, plus impitoyables que jamais. Le mérite est tellement difficile à distinguer, la presse est si forte, les difficultés de vivre si grandes, qu'en vérité un officier qui arriverait aujourd'hui par son seul mérite, qui ne solliciterait pas, qui ne se croirait pas, en toute bonne foi, un peu supérieur à tous, qui aurait cette modestie et cette réserve qu'on reconnait généralement au vrai talent, celui-là ferait peut-être plus scandale que mille autres qui se sont poussés par la brigue et par l'audace.

On croit volontiers que le seul mérite doit réussir ; on le proclame, on l'affiche ; tous les règlements sont faits pour donner au monde cette agréable assurance. Cependant tout est à la brigue, à l'intrigue. *Iphicrate*, qui est arrivé, ne se demande pas s'il a mérité sa promotion ; il s'en targue, il s'en glorifie, tandis que *Conon*, qui a un vrai mérite, serait peut-être étonné qu'on lui rendit justice.

Le militarisme a beau faire : il sera toujours le règne de la force. Or la force touche de très près au caprice. Peu importe aux soldats que le chef de l'armée soit injuste, pourvu qu'il les tire de l'ombre. Rien ne leur est plus amer que d'être oubliés.

---

## LA MAGISTRATURE

### I

La manière d'être juste et de rendre la justice n'a pas toujours été la même suivant les âges et les siècles. Aussi ne faut-il pas s'étonner que certains magistrats de nos jours aient essayé d'être justes *démocratiquement*.

Dans les anciens régimes, la justice avait toujours l'air d'être un octroi, et les avantages de la grandeur, du pouvoir, du rang, consistaient beaucoup dans le droit d'être justes ou de ne l'être pas. Les *vilains* et les roturiers ne s'y trompaient pas. Il fallait forcer la justice, faire fléchir l'injustice, solliciter et soudoyer les juges ; et, quand on gagnait un procès, ou que l'on arrivait à rendre un peu équitables ceux dont c'était la fonction de l'être, on s'en félicitait comme d'une bonne fortune. On n'avait, au fond, aucun droit à ce que l'on vous fît justice, et l'on s'étonnait d'avoir, par hasard, trouvé des juges justes, comme l'on s'étonne et l'on se réjouit d'avoir gagné un gros lot ou d'avoir recueilli un bel héritage.

Et, au fond, l'on avait raison, car c'est toujours très difficile d'obtenir justice, et l'on peut considérer, sans trop de témérité, un acte de vraie justice comme un heureux accident. Aussi ne faudrait-il pas trop condamner les subtilités et les lenteurs du vieux Droit. On avait peut-être plus de garanties à ce qu'un procès passât par mille mains, s'égarât pendant des années dans le labyrinthe de la procédure, qu'on n'en a aujourd'hui à ce que l'on juge plus sommairement: la hâte à vouloir rendre justice est aussi mauvaise que le sont les difficultés les plus inextricables à la rendre.

L'ancienne Magistrature avait ses préjugés que l'on comprend et que l'on excuse comme tout ce qui est humain. Il faut compter dans ce nombre le privilège même de rendre la justice, car, dès que des hommes se persuadent qu'à eux seuls il appartient d'être justes, on peut presque être sûr qu'ils le seront étroitement. Car ils le seront ou tâcheront de l'être par esprit de profession, et ils adopteront certaines maximes de justice qui ne seront plus vraiment naturelles. L'artifice, la réglementation, la subtilité, le parti pris, le dogmatisme se mettront d'eux-mêmes dans les arrêts et dans les jugements, sans que les juges puissent soupçonner que ce n'est plus vraiment le bon droit et la vérité qu'ils cherchent, mais une équité de convention. de coutume, de tradition, qui est à la bonne justice ce qu'est à la véritable science l'alchimie.

Voilà les préjugés qui obscurcissaient la droiture des hommes peut-être les plus intègres que le soleil ait jamais vus. Les vieux parlementaires étaient de vrais rocs en fait de scrupules. d'honneur, de loyauté, de dignité professionnelle, et ils ont rendu des arrêts qui nous blessent. qui nous froissent et qui nous déchirent le cœur.

C'est en matière de justice criminelle surtout que les anciens préjugés nous paraissent aujourd'hui effroyables. La magistrature ne croyait pas avoir à chercher la justice, mais à la faire, et, dans ce but, elle voulait que les prévenus se jugeassent préalablement devant elle, afin de ne plus avoir qu'un rôle de justicière. Or la partie délicate, dans les procès, et même dans tout le train du monde, c'est de chercher et de trouver la justice. Jésus-Christ l'avait admirablement dit, mais il avait parlé dans le désert. L'ancienne magistrature donc voulait que les prévenus se jugeassent eux-mêmes, mais elle prétendait qu'ils se jugeassent coupables en avouant, et n'admettait pas, ou admettait difficilement qu'ils se jugeassent innocents en niant. Car, disaient-ils, le mouvement premier et naturel est de nier ; on ne peut provoquer des aveux que par la contrainte; d'où ils concluaient qu'il fallait tout d'abord punir les prévenus d'avoir nié, comme si l'aveu de son innocence, chez un homme témérairement soupçonné, était un crime! Ils ne se disaient pas que la négation devait préalablement arrêter toute poursuite, car il n'y a de corps de délit que celui qui est prouvé. Or cette preuve ne pouvait être fournie que par des témoins, par des présomptions bien fondées, par un travail de raisonnement et de déduction souvent fort subtil. Mais ils prétendaient que l'aveu les dispensait de tout ce travail, car c'était une preuve sans ambage ni sans réplique, et c'était pour eux un triomphe que d'obtenir l'aveu; ils allaient jusqu'au point de maltraiter et d'exténuer le prévenu jusqu'à ce qu'un aveu fût pour lui un cri de grâce, une de ces interjections inconscientes de la machine humaine poussée aux abois; et c'est sur cette fragile et douteuse culpabilité que des milliers d'innocents ont payé de leur vie les sanglants préjugés de la Magistrature,

On croyait alors aussi que la Magistrature devait avoir un grand renom d'infaillibilité pour être digne de se dire l'organe de la justice, et l'on avait raison, mais l'on avait tort en croyant que cette infaillibilité dût être érigée en une sorte de dogme, au point que, préalablement et sans être informés, on préjugeait les juges incapables de se tromper. Cela les amenait à être raides et inflexibles, car quel fond eût-on pu faire sur des justiciers qui doutaient d'eux-mêmes? Comment laisser croire au peuple, qui avait foi dans la robe rouge et dans l'hermine, que des magistrats pouvaient se tromper?

Cette infaillibilité se renforçait de l'impassibilité de la Loi dont ils étaient les interprètes. La Loi est, de sa nature, sourde, impersonnelle Toute considération de personne, de caractère; toute raison occasionnelle d'indulgence devaient, en principe, fléchir devant elle. Aussi les Magistrats étaient-ils sûrs, en étant sévères et ponctuels, de bien remplir leur mandat, et se reposaient-ils sur l'inflexibilité de la Loi de ne pouvoir être ni souples, ni humains.

La condition des accusés était donc celle d'êtres faibles et désarmés en face d'un puissant préjugé. Ils ne pouvaient s'innocenter que par une sorte de déni de cette justice officielle et hérissée. En provoquant leur acquittement, ils diminuaient, en quelque sorte, cette institution superbe, car c'est toujours diminuer quelqu'un que de lui faire voir qu'il a tort quand il croyait avoir raison.

Telles étaient les conditions de la Magistrature d'autrefois, et le préjugé a survécu en grande partie dans l'administration de la justice actuelle, malgré toutes nos révolutions. Car, si, par l'institution du jury, on a ôté aux Cours l'appréciation de la culpabilité, c'est, dans l'instruction des affaires criminelles qui leur est laissée, qu'on retrouve en plein les maximes de la justice ancienne. Le prévenu est toujours un condamné présomptif: on ne le croit pas quand ses déclarations sont pour lui, mais on le croit quand ses déclaratious sont contre lui ; il n'a pas le droit de s'innocenter, et l'on s'attache toujours à provoquer des aveux qui, vrais ou faux, provoqués par la terreur ou par le découragement, sont la base de toute culpabilité.

## II

Il y a pourtant des hommes aujourd'hui, dans la magistrature même, qui se sont élevés contre ce préjugé. Ils se sont avisés que la bonté pouvait entrer dans l'âme d'un magistrat sans que les colonnes du temple de la Justice s'ébranlassent. Ils ont fait entrer un peu d'air dans ce monument gothique, et relégué la formule tout à l'arrière-plan. Ils se sont imaginé. qu'il y avait des degrés entre la culpabilité et la non-culpabilité, que le vol, par exemple, diffère quand on vole un diamant ou quand on vole une pomme, et que le grand besoin peut être parfois une excuse, ce qui n'était pas admis dans l'ancienne magistrature, où l'on professait que le besoin, étant un stimulant au vice, méritait la condamnation comme l'acte vicieux lui-même. De là on concluait qu'il valait mieux, pour le meurt-de-faim, mourir que voler, fût-ce la chose la plus minime, pour qu'au moins les sacro-saints principes de la justice fussent sauvegardés.

On tirait aussi argument d'un fameux principe de philosophie qui voulait qu'il n'y eût pas d'inégalité dans le mal, si bien, par exemple, qu'un homme qui volerait le Louvre, et un autre une bouchée de pain seraient deux criminels absolument semblables. — C'est l'intention, disait-on, qui fait tout le mal. — Mais il y avait là une étrange confusion ; car celui qui, étreint par la faim, vole un gâteau, n'a pas proprement l'intention de voler ; il est mû par un besoin qui lui ôte tout entendement, et on ne le punit pas en réalité pour avoir eu l'intention de voler, mais pour avoir aveuglément écouté son instinct.

## III

Malheureusement certains sophismes sont venus gâter ces nouvelles et saines conceptions de la culpabilité. Ces sophismes sont dans l'air ambiant : ils sont le fruit d'une psychologie toute nouvelle et d'une conception toute fataliste du monde, de la constitution de l'homme, de notre intelligence, de nos idées et de nos actions, Suivant cette psychologie, il y aurait à borner singulièrement le champ de notre responsabilité. Ce que nous prenons pour des manifestations de notre intelligence, pour des suggestions de nos instincts, ne serait que certains retours d'une animalité primitive, ou que des produits d'un *milieu* vital donné, qui font que, si nous n'étions pas vicieux, nous serions incompréhensibles, et que nous ne donnons vraiment notre épanouissement naturel qu'en tuant et qu'en volant.

C'est la fameuse théorie de l'*atavisme* qui a tant d'adeptes aujourd'hui. Notre *animalité*, à laquelle nous revenons fatalement par périodes, explique et justifie tous nos écarts. Comment nous punir de suivre notre nature ? « Le vice et la vertu sont des *produits*, comme le sucre et le vitriol ». Il n'y a pas de justice humaine qui prévale contre cette terrible fatalité.

## IV

On va plus loin, et, tandis qu'autrefois on accusait la passion de causer nos désordres, on est bien près aujourd'hui de l'en excuser. On condamnera volontiers un homme qui tuera froidement, mais, s'il tue par passion, il trouvera des apologistes et des juges indulgents. La casuistique, et l'*escobarderie*, ont envahi le domaine de la justice. On revient à cette jolie méthode de la *direction d'intention* qui faisait pâmer d'aise le bon Jésuite des *Provinciales*. On peut aujourd'hui, en bien des cas, tuer en toute sûreté de conscience, si même l'on n'en est pas récompensé par les louanges publiques. *Un crime passionnel* pose un homme, et l'on n'en aurait jamais parlé s'il n'avait eu la bonne idée d'assassiner.

Dans un tel milieu, l'idée de justice est bien près de se dénaturer, car il ne faut pas qu'elle soit une auxiliaire de la nature, mais une correctrice. Le *summum jus summa injuria* est vrai. Il ne faut pas abuser de la justice, mais il ne faut pas non plus l'énerver. La justice la plus naturelle, la plus démocratique, sera toujours celle qui fera prédominer la raison sur l'instinct. Quelques dégénérés que nous puissions être par de fausses notions du Droit, il n'est pas présumable que jamais les héros de ces *crimes passionnels* soient jamais tenus en une véritable estime.

## V

Les interprètes du Droit sont aujourd'hui d'autant plus gênés de décider du bon droit, que ce bon droit est devenu plus subtil et plus ondoyant. On ne croit plus à la solidité, à la pérennité du Droit, et c'est merveille qu'on ait pu célébrer le centenaire du Code civil. On fait tant de lois, et l'on en défait tant, que *légiférer* est devenu une chose tout ordinaire, et que les magistrats ne peuvent avoir, pour une œuvre aussi instable, qu'une déférence tout-à-fait passagère.

On s'étonne avec raison que l'on puisse encore *codifier*. Quelle durée peut-on donner à de prétendues principes qui ne sont fondés que sur l'absence de principes ? Tout s'ébranle sous nous, la religion, la morale, le Droit, la propriété, l'urbanité. C'est merveille que quelqu'un puisse encore songer à se faire rendre justice, car sur quoi se baseront les magistrats pour vous la rendre ? C'est ainsi que l'on raisonne dans l'opinion où l'on est qu'il n'y a plus rien de fixe ni d'immuable. Cependant les procès courent ; il y a d'excellents arrêts ; il y a même, au fond, plus de justice qu'autrefois, au moins de celle qui ménage les personnes; il n'y a jamais eu plus de sécurité, et tel, qui lit sans cesse dans les journaux que la terre est à tout le monde, qu'il ne peut plus y avoir d'attributions ni d'héritage, se félicite d'un jugement qui le rend propriétaire, comme s'il devait l'être de toute éternité !

Il se mêle forcément au Droit quelque chose d'humain qui le dénature quelque peu ou l'infirme, et cette part d'influence humaine offre un terrain propice aux discussions et aux variations. Dès qu'on peut y introduire des exceptions et des atténuations, la subtilité humaine ne s'en fait pas faute. De là tant de gloses, de commentaires, et de commentaires de commentaires. On ne sait pas encore aujourd'hui, après trente siècles qu'on s'occupe du Droit, quelles sont les limites du droit naturel et du droit positif. Les graves et honnêtes jurisconsultes romains avaient cru faire merveille en disant que le Droit naturel est celui qui ne peut faire l'objet d'aucune contrainte. Nous voilà bien renseignés ! La vérité, c'est que ce Droit naturel a servi bien plus à légitimer des fautes et des crimes qu'à fonder des législations raisonnables ; et aujourd'hui encore, que de gens s'excusent sur le Droit naturel de ne pas observer les préceptes du Code civil ! Nous traitons volontiers d'artifice tout ce qui nous gène. Nous souhaiterions une justice indépendante de tout, et que nous réglerions suivant nos caprices et nos fantaisies.

Il y a, dans le Droit, des choses indispensables, excellentes même, et qui ne sont pourtant que de convention pure. Qui ôterait des codes les présomptions, les possessions d'état, les suppositions de consentement, les déchéances, les prescriptions, n'y laisserait presque rien. C'est pourtant là le triomphe du fait en présence du droit. Il parait singulier que le temps, qui use et détruit tout, fortifie le droit, et le crée même. Comment justifier aussi en raison cette autre maxime que le droit n'existe pas pour celui qui n'en fait pas usage, tandis qu'il s'organise pour celui qui l'usurpe ? Nous sommes là dans des antinomies inconciliables. L'activité ou la non activité humaine devient ainsi l'une des bases de la législation. Assurément la négligence implique une sorte de déchéance, mais n'est-il pas plaisant que la loi garantisse peu à l'homme naturellement paisible, et garantisse beaucoup à l'homme turbulent et tracassier !

Il en est de même des contrats, dont le consentement bien établi doit, dit-on, faire la base. Mais à que de choses nous nous trouvons obligés par ces fictions qu'on appelle des *quasi-contrats* ? Quand nous faisons les affaires d'autrui croyant faire les nôtres, comment se fait-il que ces affaires d'autrui finissent par passer en justice pour les nôtres mêmes ? C'est pourtant là la base du contrat qu'on appelle de *gestion d'affaires*. N'est-ce pas là l'erreur qui fonde le Droit ? Où est donc la sincérité du contrat ? Quand j'ai l'air de consentir à laisser jouir un autre des fruits de mes biens, doit-on faire de cette présomption d'acquiescement une force plus grande et plus contraignante que le consentement même ? Il y a des cas où l'on se trouve obligé bien plus qu'on ne l'eût voulu. On est solidaire et responsable, on est affligé de parts d'obligations qui dérivent d'une situation fatale, et non du consentement qui, au contraire, s'insurgerait contre ces fatales communautés.

D'autre part la force du consentement même est infirmée par toutes les facultés qu'on revendique de se délier. Il semble contraire au consentement qu'on ne puisse pas à chaque instant reprendre ce qu'on a donné, car c'est la volonté, dit-on, qui reste arbitre des engagements, et, cette volonté s'évanouissant par un acquiescement à des conventions quelconques, elle a toujours le droit de se déprendre et de stipuler à nouveau. C'est là le principe du *divorce* s'érigeant au-dessus de l'indissolubilité des conventions, car on ne veut plus de consentement figé et cristallisé. Comme il est reconnu que *tout coule* en ce monde, ne serait-ce pas un miracle, une dérogation aux lois de la nature qu'une activité quelconque fût enchaînée, et qu'une volonté fût figée dans un cercle d'airain ?

De là vient que le Droit prend de plus en plus un caractère de contingence, de relativité. La foi dans le Droit se perd comme la plupart des convictions.

## LA FINANCE ET LES FINANCIERS

### I

L'art de faire rapporter l'argent est de tous les siècles, mais on ne se fait aucun scrupule de lui faire rapporter beaucoup. Nous avons toujours un certain penchant à l'usure, en ce sens que, quelques arrérages que nous touchions, nous trouvons toujours que nous ne touchons pas assez. Il n'existe pas de rentier satisfait. Quand on nous retranche nous nous trouvons toujours lésés, mais quand on nous augmente, nous estimons toujours que la justice voudrait que nous le fussions plus.

Aussi l'argent devient-il de plus en plus un embarras. Qu'en fera-t-on quand il ne rapportera plus rien? Il ne nous suffit pas d'en recevoir la valeur en denrées, en marchandises; il faut encore qu'il fructifie par lui-même. C'est ce que ne veulent pas comprendre les socialistes. Quand nous faisons un échange d'argent contre un objet quelconque, celui qui donne l'objet prétend toujours recevoir quelque chose de plus que l'équivalence de l'argent, et c'est ce qu'il appelle son bénéfice. Mais les socialistes prétendent que, dans un échange, il y a toujours équivalence, et que le bénéfice est de trop.

De là vient que nos évaluations sont toujours fantastiques. Sans doute une chose offerte vaut toujours plus qu'une chose demandée : c'est la rareté de certains objets qui en fait le prix. Mais d'où vient que les choses sont généralement plus chères quand l'argent est abondant ? C'est qu'alors on reçoit moins de choses avec plus d'argent. C'est notre trop grande richesse qui fait alors notre pauvreté relative ; mais l'argent ne devrait-il pas se déprécier quand il n'a pas sa véritable valeur ? Un louis ou un écu ne devraient pas représenter autant quand ils abondent que lorsqu'ils sont clairsemés. On justifie cette différence par la raison que le signe de la valeur ne peut être que fixe ; mais on voit bien que toutes les valeurs ne sont que dans l'opinion.

Quand l'on voit ainsi que les plus grosses fortunes reposent sur un crédit fictif, on comprend mieux l'avantage des petites.

Tout le monde est peu ou prou obligé de financer aujourd'hui. Un capital immobile se restreint, diminue et fond si bien qu'il n'en reste presque rien.

L'art de placer son àrgent est l'un des plus subtils et des plus difficiles que l'on connaisse.

Ce n'est pas tout que d'avoir des capitaux, il faut calculer le *Doit* et l'*Avoir*, compenser les pertes probables par des bénéfices probables, échanger du mauvais contre du bon, n'écouter ni les alarmistes ni les optimistes, savoir escompter des profits possibles, supporter quelques sacrifices pour les regagner au centuple, n'avoir ni trop d'attachement ni trop de détachement; et, quand l'on a ainsi tout supputé, quand l'on a accumulé toutes les chances et écarté tous les dangers, on se trouve un beau jour ruiné pour avoir voulu trop bien prévoir, et pour n'avoir pas vu les écueils les plus visibles.

Que de jours et de nuits se consument dans ces calculs! On s'étonne en vérité qu'on puisse s'attacher à des biens aussi fluides. Il y a longtemps qu'on à dit qu'on ne pouvait pas *fixer la Fortune*. On le répète, et l'on échafaude des entraves pour la fixer!

Une bonne administration de ses biens est une moindre garantie qu'on ne le croit généralement. Assurément la prudence est une grande vertu; mais n'est-ce pas la condition des plus grandes fortunes que de savoir être imprudent?

On risque presque autant pour vouloir conserver que pour s'exposer trop. Il n'y a, en matière de finances, d'autre habileté que le bonheur.

*Argyrion* se flatte d'avoir prévu la hausse ou la baisse : c'est en toute sûreté et avec une parfaite intelligence des avantages et des dangers qu'il a vanté et choisi telle valeur : il n'a pas vaincu la Fortune mais il l'a appelée à lui : il la connaît dorénavant ; il sait l'asservir. Mais il ne vous dira pas qu'il a blanchi dans l'attente de l'événement qui le fait riche ; vous ne saurez ni ses angoisses, ni ses découragements : ce sont les mystères du métier de financier.

## II

D'où vient qu'un homme s'enorgueillit volontiers de dépenser beaucoup, et ne s'enorgueillit pas de payer beaucoup d'impôts ? Comment se fait-il qu'il s'appauvrira volontiers devant le monde pour payer les services que l'Etat lui rend, tandis que sa bourse capitulera généreusement devant tel ou tel fournisseur ? Faut-il rougir d'être riche contribuable, et se pavaner d'être un Crésus ou un Lucullus ?

Aussi les finances des Etats sont-elles toujours précaires. Les ministres s'évertuent à prévoir telles ou telles recettes, à supputer le rendement de tel ou tel impôt.

La société humaine devrait être le type de toutes les sociétés qui se fondent chaque jour. Il faudrait savoir exactement ce que chaque citoyen doit apporter pour le bon fonctionnement des services publics : chacun devrait savoir ses charges, les approuver solennellement, et s'y soumettre sans broncher ; tandis que le gouvernement des finances publiques est une énigme, une gageure ; il faut déguiser, édulcorer les impôts, prélever sournoisement sur telle ou telle source de revenus, et faire habilement croire à celui qui paie qu'il ne paie point.

Cela vient de ce que l'impôt, de quelque manière qu'il soit établi, est toujours resté un signe de servitude. *Contribuable* et *corvéable* sont demeurés synonymes. On fait volontiers des contrats qui souvent sont onéreux; on se résigne à payer plus qu'il ne faudrait ; on ne se plaint pas d'un marché qui vous ruine ; mais l'Etat *prélève*, et cette manière de disposer des biens des particuliers ferme les yeux sur les droits qu'il peut y avoir. On nomme des députés pour voter l'impôt, mais, au fond, personne n'y consent, pas même le député qui l'a voté.

## III

La fortune publique n'est plus, comme on le croyait autrefois, la fortune particulière généralisée. Les budgets des Etats sont d'un autre ordre, et tel qui voudrait les mesurer à la toise de nos petits intérêts y échouerait. Il faut qu'ils soient de véritables énigmes, que les recettes et les dépenses s'y équilibrent comme par une sorte de miracle, et que celui qui présente des comptes bien arrêtés ne soit plus un honnête administrateur, un bon calculateur, mais un véritable sorcier.

Les besoins généraux sont tels aujourd'hui, et l'on en imagine sans cesse tant d'artificiels et de faux, que le Pactole ne suffirait pas à les rassasier. L'art des dépenses est beaucoup plus ingénieux que celui des recettes; jamais les ressources. si grandes qu'elles soient, n'arriveront à combler nos appétits. Se soucie-t-on vraiment de couvrir les dépenses publiques? On le croirait tout d'abord. Qui n'entend-on pas gémir sur ce fâcheux défaut d'ordonner sans cesse de nouvelles dépenses sans savoir comment l'on y pourvoira? Pourtant l'on vote sans cesse de nouveaux impôts, et tel, qui les trouve excessifs, ne s'en fait pas moins un mérite auprès de ses électeurs.

Ce sera toujours un modeste talent que celui d'économiser. Les Sully et les Colbert ne feront jamais fortune. On peut dire que ces sages réserves d'argent, ces règlements minutieux des besoins et des ressources, ces freins mis à la prodigalité des gouvernements, ont toujours appelé les dilapidateurs.

Il y a une chose que tout le monde croit comprendre, qui semble ressortir du bon sens même, qui paraît dériver des moindres notions de calcul, et pour laquelle le député le plus ignorant ne peut se croire inapte, c'est un budget. Tout le monde se disait que le contrôle des finances par la nation, par des représentants bien choisis, exclurait du maniement des deniers publics ce mystère, ces obscurités, ces témérités financières, ce manque d'harmonie entre les recettes et les dépenses, qu'on reprochait autrefois aux gouvernements absolus. Eh! bien, la chose à laquelle le gouvernement représentatif paraît le plus impropre, qui prend aux députés les jours et les nuits, qui n'aboutit jamais, qui ne s'établit que par de misérables subterfuges, et qui, loin de satisfaire l'intelligence, ne fait que la dérouter et l'aveugler entièrement, c'est la fixation d'un budget.

Croire que la fortune publique est une

fontaine intarissable, c'est ce dont personne ne voudrait convenir. Cependant, au fond, l'on y croit, ou l'on fait comme si on le croyait. A force d'imposer, l'on finit par se persuader qu'on peut toujours presser l'éponge sans qu'elle se dessèche, et cela gâte l'esprit de tous, même des bons ménagers et des meilleurs calculateurs.

La région pour laquelle le gouvernement se montrerait avare n'en conclurait pas qu'il est trop serré ni trop ladre, mais qu'il ne sait pas gouverner.

## IV

Les financiers sont, comme ils l'ont toujours été, les maîtres du pays. On essaie de disputer d'influence avec eux, ils se rapetissent volontiers, ils se montrent généreux et parfois désintéressés, mais leur qualité de *rois de l'argent* leur fait une Cour que n'ont plus nos modernes royautés.

Néanmoins la finance se démocratise en ce sens, que tout le monde se pique un peu aujourd'hui de manier l'argent. On ergote sur l'art d'en gagner et sur celui d'en perdre, et, comme ce dernier est le plus à la portée de tout le monde, il y a aujourd'hui plus de dupes de la finance qu'il y en a jamais eu. Mais celui qui a fait des pertes n'ose pas trop s'en plaindre, car on l'accuserait de n'être pas financier, et l'on perd plus philosophiquement son argent qu'autrefois.

On vous offre la fortune sur tous les tons; on dirait que le Pactole coule dans les campagnes de France. Celui qui ne s'enrichit pas est un maladroit. Vous l'aviez si bien informé. N'est-il pas juste que, sourd à vos sollicitations, il végète. Il s'appauvrisse, il s'enlise dans la médiocrité ?

Combien peu faut-il aujourd'hui exposer pour s'enrichir ! Presque rien. Le jeu de la Bourse est des plus affriandants. Pour un centime vous êtes payé au centuple. Vous êtes bien plus étonné de tant gagner que de ne pas perdre.

Que de gens, entraînés à ce jeu périlleux, y perdent leur raison, leur petite aisance, leur moralité, et tombent dans le ruisseau pour avoir voulu être trop riches !

## LE PROLÉTARIAT

### I

On n'a jamais plus parlé de *prolétaires* qu'aujourd'hui, où il n'y en a presque plus. C'est une classe qui se dissipe dans la masse de tous ceux qui ont des besoins, et qui n'en a pas de nos jours? Il y a une maxime qui dit « qu'on est pauvre de tout ce qui vous manque » : cette maxime s'applique aux plus fortunés comme aux plus déshérités.

Les injustices ou les fatalités du sort ne sont plus comme jadis des déchéances inéluctables. Nous cherchons et trouvons des compensations là où jadis planait la sombre et monotone résignation. La société doit le bonheur aux hommes; elle est la correctrice des bonnes fortunes de certains, de l'habileté fructueuse des autres, des coups de dés favorables, d'une activité trop largement payée : elle a ses favorisés aussi comme le sort ou le mérite; elle les traite mieux que ne font ces derniers; elle les dispense même de l'effort, et c'est sous forme de manne qu'elle partage ses libéralités.

Nous en arrivons ainsi à un état social amplifié, qui ne s'occupe plus seulement de l'organisation de l'humanité, du libre jeu de toutes les activités, de la satisfaction de certains intérêts généraux auxquels les particuliers ne peuvent pourvoir : il répand la fortune, comble toutes les aspérités, surveille les intérêts privés, redresse tous les caprices du sort. C'est un *protectionnisme* général. Les esprits les plus libéraux n'échappent pas à cette tendance, et tel qui s'effraie que l'Etat soutienne tous les malheureux et les déshérités, demandera que la société lui assure, par des réglementations, par des prohibitions, un gain dont souvent il n'a pas besoin.

Si l'on voulait raisonner avec clairvoyance. on verrait que c'est le principe du protectionnisme qui nous vaut la plus grande part des revendications prolétariennes. On ne s'offusque pas d'être égoïste, âpre et matérialiste, et l'on voudrait que des malheureux fussent assez désintéressés pour ne pas demander à l'Etat le nécessaire, lorsque tant de gens lui demandent le superflu !

Il est difficile de ne pas protéger la misère quand l'on protège la fortune : les deux choses sont corrélatives. Celui qui manque de tout a plus besoin d'un bras que celui qui est pourvu de tout ; mais quel est celui qu'on accuse de cupidité ? C'est celui qui ne demande que de pouvoir vivre.

Le mot qu'on a attribué, je crois, au duc d'Orléans Régent qui, à la prière d'un vieil officier lui dépeignant sa misère et finissant par ces poignantes paroles : « Monseigneur, il faut bien que je vive ! » répondit par ces mots dédaigneux : « Je n'en vois pas la nécessité. » représente bien l'esprit d'un grand nombre de personnes. On ne s'imagine pas assez quel est le poids de la vie quand on est dépourvu des moyens de vivre. Il faut bien se persuader que personne n'a demandé à vivre, et que, par conséquent, ceux qui ne demandent qu'à ne pas mourir de faim ne réclament pas une faveur : c'est s'ils n'étaient pas nés qu'ils eussent vraiment été favorisés ; mais il ne doivent pas expier le malheur de leur naissance : il est juste que la société paye pour eux.

Pour que la société négligeât les misères sociales et laissât les plus déshérités se tirer d'affaire, il faudrait que les heureux de ce monde fussent abandonnés aussi aux lois de l'âpre concurrence et de la caducité qui minent les plus solides situations et établissements ; mais qui entend-on crier le plus contre les caprices de la Fortune, les âpretés de la vie économique, les hasards des entreprises et l'incertitude du lendemain ? Ce sont les capitalistes.

La *possession d'état* est aujourd'hui ce qu'on désire le plus, et qui s'anéantit aussi le plus. *Beati possidentes !* On dirait que cette possession est une citadelle invincible. Tout le monde y aspire, et c'est cette aspiration générale qui fait le dépit et la révolte des non-possesseurs. Pour les apaiser, il faudrait leur donner d'autres exemples, prêcher la simplicité, la résignation, montrer que les biens de la terre sont de faux-biens, et que la vraie sagesse doit nous porter à nous en détacher ; mais au contraire nous en jouissons insolemment, et nous révoltons les prolétaires, qui ne sont déjà que trop portés à se dépiter.

Il n'y a pas de mot plus fâcheux et plus déplorable, s'il a jamais été dit, que celui de : « Enrichissez-vous ! » Ce n'est pas dire aux gens : « Soyez actifs, économes, ménagers de vos ressources, adroits dans vos entreprises, et acceptez le succès comme une récompense de vos efforts et de votre loyauté » ; mais c'est leur dire : « Ayez tous les défauts et toute la morgue des parvenus ! »

C'est l'excitation à la possession qui fait l'âpreté des revendications prolétariennes. Ceux qui possèdent devraient, comme on dit vulgairement, « cracher dans le plat pour en dégoûter les autres », mais c'est, au contraire, sur nos frères déshérités que nous crachons. La possession ne peut pas exister sans l'orgueil de la possession, et nous scandalisons les pauvres plus par notre luxe que par le bonheur d'avoir conquis la fortune !

On se résignerait à la rigueur aux coups de la fatalité, on se dirait qu'elle peut être bonne pour les uns, mauvaise pour les autres; mais ce qui révolte et qui exaspère, c'est qu'on veut toujours la faire paraître ou trop bonne ou trop mauvaise, et les passions s'irritent contre cette immodération.

On se console de voir ses forces diminuer, ses cheveux blanchir, sa machine s'user, mais l'on ne se console pas de n'être plus possesseur.

Tant qu'il y aura des hommes, le prolétariat sera féroce, la jouissance insatiable, et l'esprit de possession indomptable. Et l'on ne voit pas de terme à cette situation, car tout le nonde ne peut pas posséder. Ceux qui ont perdu la possession, ou qui ne l'ont jamais eue, seront toujours les ennemis de ceux qui l'auront, et ces derniers seront toujours assez aveuglés par leur possession pour ne pas comprendre qu'on puisse la leur disputer.

## II

Les remèdes que l'on préconise volontiers aujourd'hui pour venir en aide au prolétariat ne sont que des remèdes trompeurs, car les prolétaires, n'ayant pour toute fortune que des ambitions, sont portés à leur donner toute l'étendue possible. On en ferait des milliardaires, qu'on ne les rassasierait pas. Dès qu'on donne une ouverture quelconque à leurs revendications, cette porte ouverte légitime toutes leurs cupidités, et ils seront toujours plus fâchés de ce qu'on leur refuse que satisfaits de ce qu'on leur accorde. C'est là ce qui rend le problème social si inquiétant et si insoluble. Car, s'il ne s'agissait que de rendre les prolétaires propriétaires, on pourrait encore à la rigueur y arriver; mais il y a tant de degrés dans la propriété, qu'on ne fera jamais comprendre aux déshérités qu'un possesseur d'un acre de terre et un possesseur d'un territoire de mille hectares sont la même chose; ils rêveront toujours une sorte de propriété à la suprême puissance, comme ces *asymptotes* qu'on voit en géométrie. Qui pourrait les persuader, en effet. de donner un terme à leur imagination ? Ceux, qui n'ont que des aspirations vivent dans l'imagination pure. A ce compte toutes les réalités possibles ne sont que des déchéances. Aussi n'a-t-on jamais su, et ne sait-on jamais ce que veulent les prolétaires.

Mais c'est pourtant leur enlever une arme dangereuse, et donner à la fois satisfaction à nos sentiments humanitaires, que de leur ouvrir un accès à la propriété, car c'est les rendre, qu'ils le veuillent ou non, solidaires de tous ceux qui possèdent. L'esprit de propriété rend les hommes exclusifs, personnels, et l'on y perd fatalement toute propension à la rêverie. La propriété universalisée aura ce mérite, ou, si l'on veut, ce défaut, de paralyser tout idéal ; on n'est romanesque et idéaliste que si l'on est pauvre de quelque chose : c'est ce qui faisait la prédilection de Jésus-Christ pour les pauvres d'esprit.

## III

Notre siècle ne verra pas encore la solution du problème de l'inégalité. « Ceux qui posséderont la terre, disait encore Jésus, auront eu leur récompense. » Il y a donc des hommes faits pour posséder la terre, et d'autres condamnés à ne posséder rien. Tout le changement social ne fera que déplacer les possesseurs, mais ne rendra pas leurs successeurs moins exclusifs. Les jouissances et les revendications sont basées sur la cupidité qui ne peut rien engendrer de bon ni de respectable.

L'esprit de détachement n'est pas dans la nature : il faut se surmonter pour le concevoir ; mais il devrait exister, au moins en germe, chez ceux qui sont comblés de trop de biens. N'est-ce pas une sorte d'ironie que de les voir s'attacher aux choses, à mesure qu'ils en ont plus, et n'est-ce pas une indifférence croissante, et même un mépris croissant qu'ils devraient ressentir pour ces biens qui deviennent banals et vulgaires par leur multiplicité ? Au contraire, leur cupidité et leur orgueil ne font que s'en accroître, dérogeant ainsi à toutes les lois qui régissent les valeurs humaines, qui ne sont appréciées que par leur rareté.

Ainsi l'esprit de possession s'exaspère par la possession même, contrairement à ce qui se produit dans l'amour ; il y a peu de possesseurs de grandes fortunes qui leur fassent des infidélités ; en général ils ne comprennent le détachement des biens qu'avec le détachement de la vie.

Il s'ensuit que les possesseurs de biens n'ont pas l'esprit qu'il faudrait, car ils ne rendent que plus palpable et plus flagrante la grande inégalité qui existe entre les classes ; il leur faudrait quelque chose qui ne s'acquiert que par un juste discernement de la vanité des biens de ce monde, c'est l'esprit de compensation.

## IV

D'autre part l'esprit d'envie est naturel à l'humanité. Il faut donc plus d'effort à ceux qui n'ont rien pour s'en préserver qu'il n'en faudrait à ceux qui s'attachent trop pour combattre cet attachement. Et voilà ce qu'on est loin de comprendre, car, dans le monde, ce sont toujours ceux qui cèdent à ce sentiment naturel d'envie qu'on accuse de cupidité, tandis que ceux qui conservent avec héroïsme sont généralement admirés, et l'on traite volontiers cet excessif attachement de sage administration. Il arrive ainsi que les passions qui devraient contribuer à maintenir l'équilibre social sont inharmoniques, et produisent une sorte de cacophonie fort pénible. L'envie des classes déshéritées devrait trouver dans le détachement des classes possédantes cette juste et normale satisfaction qui procurerait la paix ; mais c'est l'envie non-contrebalancée qui entretient l'état de guerre. Il faut ajouter que les préjugés des classes possédantes enlèvent à la propriété et à la possession cette fluidité qui leur est nécessaire pour ne pas se cristalliser ; et voilà pourquoi l'histoire économique des nations est parsemée de tant de crises et de tant de révolutions. Car c'est toujours contre des possessions d'état trop enracinées, trop solidifiées que se sont insurgées les passions prolétariennes. Il faudrait être bien convaincu qu'on n'a rien dans ce monde qu'à *titre précaire*.

Il est donc naturel que l'envie de ceux qui ne possèdent pas soit quelque peu satisfaite. Mais ce n'est pas ceux qui possèdent qui peuvent la satisfaire efficacement. Ceux qui n'ont rien veulent que ce soit par une sorte de Providence qu'ils soient nantis de biens, de même que les privilégiés de la fortune ne doivent leur sort qu'à une faveur extraordinaire. C'est donc à l'Etat, qui est la Providence terrestre, qu'ils s'adressent, et ils ont une vraie satisfaction d'amour-propre de recevoir par l'Etat ce que pourrait aussi bien leur donner la libéralité des particuliers.

# LE MONDE DES SAVANTS

## I

Malgré toutes nos idées égalitaires, le monde savant fera toujours une caste, car c'est précisément parce que tout le monde n'est pas savant, qu'il se distingue de tout, et c'est un si grand privilège que l'intelligence, que ce sera toujours une terrible infériorité ou une terrible déchéance que de n'être pas intelligent.

Toutefois les gens intelligents, ou ceux qui croient l'être, ont leurs préjugés et leurs petitesses, et c'est pourquoi il faut distinguer la véritable *intelligence* de ce qu'on est convenu d'appeler la *Science*. La Science aurait trop d'avantages si, en étant, comme on en convient généralement, un principe de lumière, elle n'était pas aussi parfois un principe d'aveuglement. C'est ce qui fait que nous avons de faux savants comme nous avons de faux religieux, de faux philantropes, de faux mondains et de faux démocrates.

Car il arrive souvent à la Science de manquer d'intelligence. Les préjugés scientifiques sont de tous les temps, et le progrès ne consiste souvent qu'à changer de préjugés. On a juré par Euclide en géométrie pendant trois mille ans ; et aujourd'hui on est en train d'accoucher d'une géométrie anti-euclidienne, non pas, au fond, pour convaincre Euclide de fausseté : même vérité dans les théories d'Euclide, et même vérité dans les théories de ses adversaires. Voilà, certes, pour des savants, un désaveu de l'évidence de la vérité ; et à qui se fier désormais, lorsqu'on nous parlera de l'infaillibilité de la Science ?

Il est difficile, en effet, de nier que, si la géométrie euclidienne, fondée sur des axiomes aussi clairs, était un préjugé, les théories qui la mettent en défaut, peuvent être des préjugés aussi, et conséquemment il n'y aurait qu'une vérité scientifique relative, contingente, qui en ne satisfaisant pas absolument l'esprit, ne peut usurper cette autorité absolue qu'on est généralement disposé à lui accorder. Même en matière de science, il n'est bon de ne croire que par provision. Il est tant de choses qui subjuguent notre esprit sans que nous puissions bien nous convaincre de leur évidence, que souvent il y a peu de différence entre la croyance scientifique et la foi.

Que de *causes occultes* nous acceptons sans nous en douter ? Leibnitz accusait Newton de croire à un miracle quand ce dernier eut découvert son fameux principe de la *Gravitation*. Ce n'est pas toujours un *criterium* sûr que la difficulté de concevoir le contraire de ce que l'on conçoit bien. Nons avons tant de *cases* dans notre esprit, que la faculté de croire, autrement dit la *créance*, n'est pas aussi simple ni aussi uniforme que généralement on se le persuade, et que *l'évidence* n'a jamais encore pu être bien définie.

La règle cartésienne « de ne plus jurer sur la parole du Maître » est admirable en théorie, mais il arrive que, plus un principe est juste, plus nous nous engouons pour celui ou pour ceux qui l'ont découvert, et qu'alors notre adhésion n'est plus précisément pour le principe de l'évidence, mais pour l'homme ou les hommes qui s'en font les chevaliers.

*Eudoxe* professe qu'il rejette toutes les autorités ; il ne veut être tyrannisé par aucune doctrine ; il prétend que son esprit est dégagé de tout, et dans un état de parfaite indifférence. Mais pourquoi jure-t-il si souvent, et sans s'en apercevoir, par Darwin, par Littré, par Spencer ou par Auguste Comte ?

Il semble, par le spectacle de l'histoire, qu'il faille que chaque siècle ait ses croyances, ses manières de raisonner, ses inclinations propres à se faire des idées, de même qu'il a ses modes, ses préjugés, ses idolâtries et ses ridicules.

On se flatte des grands progrès de la science ; mais que n'eussent-ils pas été si la vue de la vérité n'avait pas toujours été contrariée et faussée par les lunettes de chaque génération ? Il ne nous a pas été donné encore de nous *abstraire* dans la recherche du vrai, ou, si cette rare faculté a été accordée à certains grands esprits, ce n'est pas malheureusement de cette faculté que nous héritons d'eux, mais de certains fruits qu'eux seuls ont pu cueillir ; et ainsi nous sommes toujours des disciples, des sectateurs, des enthousiates, c'est-à-dire des gens dominés et suggestionnés, alors qu'il faudrait que nous fussions aussi simples, aussi épurés de toute influence, aussi maîtres de nous que les hommes que nous admirons.

De là vient qu'il n'y a vraiment pas de science absolue, car ce qu'on croit savoir par soi, on le sait presque toujours par quelqu'un.

Il est assez naturel que l'infaillibilité scientifique engendre la foi scientifique : le contraire serait bien singulier. La plupart des savants dogmatisent quand ils croient ne faire qu'expérimenter ou raisonner. A ce point de vue, la méthode même peut être un principe d'erreur, car personne ne peut avoir assez de confiance dans la conduite de son intelligence ou de sa raison pour ne pas souvent mal induire ou mal déduire.

C'est un grand danger que d'établir une orthodoxie scientifique, car le seul fait qu'on ne peut bien penser que d'après la science tend à lui créer un privilège dont elle sera toujours portée à abuser. Il y a des vérités que les ignorants doivent pouvoir sentir, et des demi-vérités dont les savants doivent pouvoir douter.

## II

L'athéïsme, ou le rejet de toute cause intelligente dans l'Univers, tendrait à démontrer que l'esprit ne se mêle de rien en ce monde. Comment donc, avec cette défiance de tout élément spirituel, avec cette persuasion que tout se fait par des lois aveugles, comment beaucoup de nos savants ont-ils le courage de raisonner ?

La constance des lois de la Nature n'est pas un argument pour prouver qu'elles sont aveugles, car ce serait précisément leur inconstance qui pourrait leur donner ce caractère. Nos savants voudraient-ils que la nature fût capricieuse et déréglée pour y trouver des preuves d'intelligence ?

On ne peut donc considérer comme un fait d'intelligence un fait de singularité et de caprice, autrement ce serait attribuer de la sagesse à la nature que de lui reconnaître un défaut.

La connaissance de plus en plus grande de la nature ne peut avoir l'athéisme comme but, car il serait singulier que, à mesure que nous devenons plus intelligents, le monde devînt plus inintelligent. Ce n'est pas à obscurcir les secrets de l'Uuivers que nous travaillons, mais à les éclairer.

La question de la création et des origines n'a encore trouvé contre elle aucun argument, car l'éternité de la matière n'est pas une de ces choses auxquelles on puisse franchement croire : elle explique, il est vrai, bien des choses, mais elle ne s'explique pas elle-même.

Nous sommes tellement persuadés que tout a un commencement que nous mettons à tout un premier principe, et, quand nous ne le voyons pas, nous le supposons invinciblement.

L'éternité de la matière ne se concilie pas avec la loi de l'évolution, car il ne peut y avoir développement quand il n'y a pas naissance, et tout ce qui se développe est soumis au temps. Comment donc appliquer les règles de ce développement à une chose qui est au-dessus du temps ?

On dit, il est vrai, que rien ne périt, que tout ne fait que se transformer, mais cela prouve que la matière initiale se conserve. Si elle n'avait pas une force qui maintient toujours ses éléments primitifs, elle se dissiperait.

Il faut donc qu'elle ait reçu ses modes de développement et d'infinité. Une matière qui se les donnerait à elle-même serait plus que l'esprit, qui est tout.

Comment nos docteurs ne voient-ils pas que tout se spiritualise et s'idéalise de plus en plus ? Le matérialisme serait un contresens à toute la marche de la vérité, car l'homme, en avançant, ne ferait que s'abrutir au lieu de s'éclairer. Le progrès serait dans l'aveuglement.

L'anthropomorphisme a fait beaucoup pour ramener les hommes à la science, car quand on parle de Dieu, c'est toujours suivant des signes sensibles qu'on le conçoit. C'est ce mécanicien trop commode dont la science ne veut pas : elle se fait athée pour ne pas croire.

## III

Quoi qu'on fasse, il entre dans la méthode scientifique bien des préjugés. La perception directe du monde par nos sens est tantôt un principe d'aveuglement, et tantôt une lumière naturelle qui nous fait croire ce que nous devons croire. Pourquoi ajouter plus de poids aux preuves indirectes de l'existence des choses qu'aux preuves directes? Ne pouvons-nous être sûrs de vivre et de voir que par un détour? Sommes-nous dans le monde pour demeurer dans une perpétuelle défiance ? Est-il sûr que tout nous trompe, si nous n'y portons pas les lunettes du disséqueur ou de l'abstracteur de quintessence ? Nous sommes plus du Moyen-Age qu'on ne le croit.

L'essence des choses nous étant fatalement cachée, pourquoi vouloir la pénétrer? Il est vraisemblable que nous ne sommes dans le monde que pour voir des apparences. Ce sont les dehors des choses qui règlent toute notre vie. La science expérimentale ne fait que donner aux apparences plus de vérité qu'elles n'en ont parfois. Elle redresse le bâton tordu que nous voyons dans l'eau, quoiqu'il soit bien droit. Les erreurs des sens font que les angles suivant lesquels nous voyons les choses les déforment souvent à nos yeux, mais elles ne nous trompent pas sur les choses mêmes. Nous ne sommes pas, en réalité, plus instruits après avoir redressé une de ces erreurs, que lorsque nous la subissions. Le monde n'en restait pas moins impénétrable, quand Copernic eût trouvé que le firmament ne tournait pas autour de la terre : la marche des astres restait la même : on se réveilla comme d'une espèce de rêve, comme lorsque nous sommes dans une voiture ou dans un bateau, et que nous voyons le rivage, les arbres et les maisons fuir devant nous. Nous voyons la lune plus grosse à l'horizon qu'au zénith, nous croyons savoir pourquoi elle est plus grande, mais cela ne nous apprend rien sur la nature de la lune.

Quoi que l'on dise, il n'est rien dont il faille plus se défier que de l'expérience. Nous ne sommes pas des miroirs dans lesquels se réflète le vrai ; nous sommes des réflecteurs embrumés, noircis par les nuages de notre imagination, par les suggestions de nos sens, par des préjugés séculaires, par certaines habitudes d'esprit plus fortes que toute la lumière de la vérité. Aussi, quand nous voulons faire une vérité quelconque *nôtre*, nous la faussons infailliblement ; et depuis qu'il existe des hommes, tous les efforts des philosophes et des grands savants n'ont pu déraciner les esprits faux.

---

## LES LETTRES ET LES ARTS

### I

Il y a peu de Français qui ne se piquent d'être artistes, et celui qui ne l'est pas feint de l'être pour ne pas déroger à la race. On convient aisément qu'on n'est ni savant, ni calculateur, ni algébriste, ni astronome, mais avouer qu'on n'est pas quelque peu musicien, qu'on est incapable de juger tel ou tel tableau, d'apprécier telle ou telle statue ou de donner son avis sur le livre du jour, paraît le comble de l'humilité, et comme un désaveu de notre qualité de Français.

Et il est vrai de dire que jamais l'on n'a jugé avec plus de compétence les œuvres de l'esprit. Nous avons des critiques artistes qui dépassent tous ceux que les siècles aient jamais vus. Ce que nous avons perdu ou paraissons avoir perdu du côté de la maitrise, nous le regagnons aujourd'hui du côté du jugement, et c'est une vraie jouissance de voir avec quel art nos grands critiques jugent de l'art.

Mais il faut reconnaître que ce goût, qui devrait produire des chefs-d'œuvre, ne se traduit pas généralement dans les œuvres de l'esprit. On aime la prolixité, l'abus des descriptions, les peintures réalistes. Nos cerveaux se sont tellement compliqués par le progrès de la civilisation, que nous ne comprenons plus la sobriété, et que nous nous défions de toutes les sensations simples. Le domaine de l'art s'étend aussi démesurément, et les limites en deviennent de plus en plus indécises. Chacun des arts tend à déborder sur ses voisins. On veut que la musique exprime des effets qui jusqu'à ce jour étaient du domaine de la peinture; la peinture elle-même doit se faire un peu sculpturale; et la littérature tend de plus en plus à tout exprimer, si bien que la plume de l'homme de lettres doit lui servir à la fois de pinceau et de ciseau. Et, chose singulière ! on n'a jamais eu plus d'amour pour les spécialités. Un homme qui écrit veut être homme de lettres ; un homme qui peint veut être peintre, un homme qui sculpte veut être sculpteur, et un homme qui construit des maisons veut être architecte.

Et l'on tient tellement à ce que chacun de ces arts ait ses règles spéciales, qu'on ne croirait pas que le même goût doive présider à ces différentes manifestations de l'esprit Celui qui aligne des notes de musique et celui qui broie des couleurs sont d'un monde différent ; l'un accuse l'autre de faire des harmonies criardes, quand lui-même nous étale une débauche de couleurs invraisemblable. Parmi les peintres même, les uns accusent les autres de n'avoir pas les mêmes yeux, les musiciens accusent leurs confrères de n'avoir pas les mêmes oreilles ; les uns font noir ce qui doit être blanc, les autres font des dissonnances quand il faudrait des consonnances ; et les uns et les autres s'autorisent de la liberté de l'art, comme si l'art pouvait être libre de résister à tout bon sens et à toute vérité !

Ainsi l'art perd de plus en plus son but qui est de plaire, et nos subtilités ont renouvelé ces entraves qui, au nom d'Aristote et de sa cabale, empêchaient nos aïeux d'avoir du plaisir là où ils pensaient se récréer. On leur disait qu'il fallait que l'art fût figé dans certaines formules, et ils le croyaient ; aujourd'hui nous avons d'autres formules qui tendent toutes à nous défier des sensations simples. Il est trop naturel que la musique n'ait d'autre but que de satisfaire et de chatouiller agréablement l'oreille, que la peinture ne fasse que plaire à nos yeux, que la littérature exprime les idées clairement et élégamment: il faut que nos sens soient surexcités par les œuvres d'art, et que la condition d'un bon jugement ne soit pas la possession de nous-mêmes, mais l'intempérance et l'hallucination.

Ainsi, dans la peinture, la ligne, le contour, le groupement harmonieux sont devenus des qualités secondaires ; il faut des effets heurtés, des antithèses, des contrastes criards de couleurs, des mouvements désordonnés ; on croit qu'il résulte de là une vie intense, et l'on est tout surpris que tout cela reste froid, car on a oublié que le don de la vie c'est le sublime de l'art, et que les grands maîtres obtenaient de plus grands effets avec les attitudes les plus simples que nos novateurs avec leurs gestes violents et épileptiques. D'autres croient que la ciselure, la broderie, la minutie sont une des conditions du grand art ; ils pâlissent et s'éternisent sur leurs toiles, et n'obtiennent qu'un succès d'estime, qui est dû à l'immensité et à la constance de leur labeur. D'autres enfin nous font des taches coloriées qui sont une énigme pour tout le monde, et croient que le grand art consiste à intriguer le public. Tout ce qui peut être conçu simplement est en défaveur, et bientôt il faudra avoir trouvé la pierre philosophale pour juger d'un livre, d'un tableau ou d'un opéra.

C'est avec une naïveté prodigieuse que nous sommes quintessenciés, et avec une légèreté toute française que nous nous piquons de profondeur. Dire ce que l'imagination du public trouve dans une œuvre d'art est impossible : cela étonne souvent l'artiste lui-même qui ne se doutait pas d'avoir tant de génie.

## II

C'est une chose prodigieuse que la capacité d'ennui dont le Français est capable, et, quand on le voit se condamner à écouter trois ou quatre heures durant des œuvres qu'il ne goûte que parce qu'il est de bon ton de les goûter, on ne dira plus qu'il est léger ou frivole. On admire, ou une telle dose d'attention, ou une telle affectation de plaisir. Nos pères se sauvaient devant les choses ennuyeuses ; aujourd'hui nous les écoutons gravement, et, s'il nous est arrivé de bailler pendant l'audition, nous nous irritons contre cette partie animale de notre être qui a trahi les défaillances de notre imparfaite nature.

Nous avons le travers de vouloir comprendre tout, et quand nous nous trouvons devant des choses inintelligibles et incompréhensibles, nous aimons mieux déclarer que nous les comprenons que d'avouer qu'elles nous dépassent. Rien ne nous flatte comme d'être jugés profonds ; c'est une chose vulgaire, à nos yeux, que d'avoir des sentiments simples ; et tel qui vous avoue qu'en musique il aime la mélodie, les phrases bien coupées, un rythme bien cadencé et des chûtes harmonieuses, n'est qu'un béotien ; de même celui, qui, en peinture et en sculpture, aime la couleur douce et discrète, un modelé sobre, qui croit que le Ciel doit être bleu, les arbres verts, la neige blanche, la chair vermeille, est un antique ; la virtuosité de nos jours ne les corrigera pas.

Rien n'est plaisant comme les intentions qu'on suppose aux artistes : ils seraient déshonorés si l'on soupçonnait qu'ils n'ont cherché qu'à faire plaisir. Tel croit n'avoir fait qu'un cheval qui passe pour avoir fait un hippogriffe : tel autre mettra au fond de son tableau quelque chose qu'on n'apercevra pas, qui n'a ni forme ni couleur ; mais c'est là le fin de son travail ; il faudrait avoir dix mille yeux pour le voir, mais c'est là sa marque, c'est le vrai mérite de son tableau ; c'est pourquoi il l'a fait.

L'originalité serait une chose charmante si elle nous donnait le naturel de l'artiste, mais c'est souvent un pli faux qu'il se donne, et à force de vouloir être absolument original, il n'en est que plus artificiel.

La convention règne dans toutes nos manières et dans tous nos arts ; il est superflu de chercher à nous en affranchir. Notre manière de comprendre l'art ne peut pas être plus naturelle que celle des hommes de tous les temps. Un art affecté, s'il l'est naturellement, plait par l'ingénuité de ce travestissement : de même un art qui ne vise que la réalité brutale n'est rien moins que naturel : c'est une convention aussi que de nous donner le dégoût par esprit de système.

On a beau faire, on a beau bouleverser toutes les méthodes, et vouloir chasser toute règle, les hommes s'entendront toujours sur le but de l'art, car on ne peut différer beaucoup sur le besoin d'avoir du plaisir. Il ne sont pas capables d'un long ennui, et ne sont pas d'humeur à se laisser longtemps mystifier par des théories nuageuses.

C'est une chose singulière que l'on n'estime plus aujourd'hui ce qui fait vraiment le grand art, c'est-à-dire le mouvement et la vie. Toutes les qualités du monde ne sont rien sans ce don. Les ciselures, les broderies, les effets de couleur, les harmonies subtiles sont choses tout à fait secondaires. C'est de l'art endormi. On n'aime plus, par exemple, dans la musique, ces batailles de voix qui faisaient les délices de nos pères. Pourtant l'on aime la symphonie, l'on ne jure que par la symphonie, mais dès que l'on se trouve devant une symphonie qui marche, dont toutes les parties concourent à un mouvement gradué et continu, l'on trouve que c'est de la musique de danse. Quel réveil ce sera que celui du bon goût, quand enfin l'on s'avisera que l'art est un moyen d'expression, que son triomphe est de donner l'illusion absolue de la vie, et que, pas plus dans ce domaine que dans tout autre, les choses endormies ou endormantes n'ont de durée !

Que de choses que l'on croit naturelles et qui ne sont que de convention ! On trouve, par exemple, qu'il est contre la nature que deux ou trois acteurs chantent à la fois, et, pour nous punir de la méconnaissance de cette loi, on nous condamne à la mélopée ou au récitatif continu, c'est-à-dire à une complainte perpétuelle qui endort si elle n'assomme. Et, chose bizarre, on veut que l'orchestre dise ce que l'on ne veut pas que les personnages expriment, comme s'il n'était pas bien plus naturel que les personnages nous le disent ! On proscrit la cadence, c'est-à-dire la chûte des phrases, comme s'il y avait quelque chose de plus beau, de plus artistique, qu'une phrase qui tombe bien ! Et, parce qu'il peut y avoir un certain art à éviter les cadences trop fréquentes, et qu'une cadence qui fuit peut causer un sentiment de surprise agréable, on les exclut toutes de parti-pris, et la musique ressemble à un verbiage qui ne finit pas.

De là vient que le jugement, qu'on croyait jadis une chose générale, « la chose du monde, comme disait Descartes, la mieux partagée, » est devenu une chose toute spéciale, qu'il faut avoir pâli sur des livres pour pouvoir donner son opinion sur un livre, qu'il faut avoir manié pendant des années la palette et le pinceau pour se risquer à apprécier un tableau, et qu'à moins d'avoir manié le ciseau, on ne peut dire si tel ou tel corps est harmonieux ou difforme. Aussi sont-ce des petits cénacles qui font les réputations, et, si l'on appelle le monde à venir voir telle ou telle production, ce n'est pas qu'on se livre au goût du public, mais l'on veut forcer le public à être de tel ou tel goût On le proclame sur tous les tons : la presse et la tribune l'annoncent au monde entier. *Polygnonte* est déclaré grand homme, et le public est tellement étourdi par tous ces éloges et par toutes ces clameurs, qu'il le croit.

Ce n'est pas, du reste, chose aisée que de conserver la liberté de son goût ; des nuées de critiques font sur vous l'effet que faisaient autrefois les sophistes sur les gens d'Athènes ; l'on ne sait plus où se prendre ; on se met en défiance contre soi-même, et finalement l'on se dit que, puisqu'il y a une telle quantité de juges, et qui se disent bons, il est inutile de prendre la peine de juger, que ce n'est pas là votre affaire, et qu'il y a une grande probabilité, puisque tant de gens l'affirment, que *Zeuxis* soit un génie.

— «Observez cette ligne, nous dit *Hémon*, écoutez cette cadence, palpez ce muscle, et dites si l'Antiquité, ni le Moyen-Age ont jamais rien compris à l'art.» — En effet les Anciens étaient simples ; ils exprimaient des mouvements simples ; ils ne donnaient pas d'intentions à leurs statues, ils ne cherchaient pas, dans la sculpture, la pierre philosophale.

C'est un sujet de réflexion que de savoir si, complexes comme nous le sommes, habitués à chercher le fin en toutes choses, à nous défier de tout ce qui est simple, nous ne devrions pas abandonner le domaine artistique. Et, de fait, le milieu dans lequel nous vivons gâte les organisations les plus heureuses. Il faut être un bien robuste génie pour échapper aux théories régnantes. Combien, qui pourraient être des maîtres, s'enlisent dans les préjugés courants ? Que d'héroïsme ne faut-il pas à un musicien d'aujourd'hui pour déclarer qu'il n'est pas tout à fait *wagnérien* ?

L'art n'est pas ce que beaucoup de gens pensent, à savoir la lutte effrenée des goûts et des couleurs. L'art est un régime d'esprit. Chaque époque a son art, et rien n'y est plus contraire que l'éclectisme. Il faut que la majorité des hommes sentent de même pour qu'il y ait un art, et il n'y a plus d'art dès que l'on dispute, que l'on s'excommunie, qu'on ne voit plus des mêmes yeux, que l'on n'entend plus des mêmes oreilles, et que l'un trouve admissible ce que l'autre trouve horrible.

Sans doute il y a, à chaque époque, un art mourant et décadent. Mais il est rare que ce soit à l'art sain et robuste qu'aillent les suffrages, c'est plutôt à l'art malade. Ce qui est bien portant s'impose trop, prend des apparences dogmatiques, et, en art comme en toutes choses, c'est un défaut d'avoir trop raison. Aussi les esprits vont-ils de préférence à ce qui se discute, à ce qui est indécis, flottant, nuageux, et qui permet à chaque homme d'avoir son opinion propre sur l'art, tandis qu'autrement il faudrait subir la tyrannie du bon goût et de la vérité.

L'absence de dogmatisme, et l'horreur que l'on a aujourd'hui de lui font que nous n'avons même plus ce qu'on appelait autrefois des *écoles*. Pour savoir ce qui distingue un artiste d'un autre, il faut une singulière compréhension. Il y a pourtant des gens qui s'amusent à les classer, mais ces classifications sont tellement subtiles qu'on sait à peine, après les avoir parcourues, si M. X.... est classique, romantique, réaliste, impressionniste ou symboliste.

Le *péraphaëlisme* a de nos jours beaucoup d'adeptes, c'est-à-dire que l'on aime mieux l'art qui se cherche, qui se prépare, qui est gauche, qui est raide, que l'art qui s'est bien assis. C'est une conséquence des théories évolutionnistes. Beaucoup de gens en concluent qu'il n'y a pas d'art parfait, mais seulement des germinations, des essais, des ébauches, des transitions d'art.

On subit aussi l'influence de ce dédain que l'on a aujourd'hui pour tout ce qui est précis. La précision suppose que l'on veut fermer le domaine de l'art, et conséquemment le figer. C'est pour éviter cet écueil que l'art doit être indéterminé, indéfini, n'avoir aucune forme dans laquelle il se repose. Ce qui fait le chef-d'œuvre, ce n'est plus ce parfait équilibre, ce repos de toutes les facultés, cet aboutissant d'un long travail dont il résume tout le fruit, c'est la réunion harmonieuse d'un art qui meurt et d'un art qui naît.

On a essayé de nos jours un renouveau de l'art décoratif ; on en est revenu à l'imitation de la nature, à la flexibilité, à la rondeur, à la fantaisie inépuisable qu'on voit dans toutes les productions de l'univers. L'on s'est avisé qu'il n'y a rien de parfaitement droit, de parfaitement rond de symétrique, de régulier dans tout ce qui existe naturellement, mais un agencement de droites, de courbes, de paraboles et d'hyperboles : l'on nous a donné des Maisons qui représentent un charmant désordre, mais où l'on ne peut placer un meuble, des meubles qui sont ravissants, mais qui ne se posent pas, des appartements qui ne sont ni carrés, ni ronds, ni rectangulaires, ni triangulaires, mais sont tout cela à la fois, des ustensiles merveilleux de ciselure mais que l'on relègue dans des vitrines en se servant de ceux que nous ont légués nos pères, de joyaux et de bijoux fort élégamment contournés, mais dont l'on ne sait comment se parer. L'on voit et l'on admire tout cela, et l'on en conclut que la géométrie et la symétrie ont un certain mérite, ne fût-ce que pour se loger et se vêtir.

Mais nos modernes artistes croient arriver ainsi à une nouvelle Renaissance de l'art, et ils ne voient pas que la Renaissance a été non seulement le triomphe de la beauté, mais aussi celui de la commodité. Les tours, les poivrières, les courtines se profilaient admirablement sur le ciel, mais les châteaux du Moyen-âge étaient un assemblage informe de coins, de recoins, de couloirs sombres, un labyrinthe d'escaliers, s'élargissant, se rétrécissant, se superposant suivant les caprices de ces constructions cyclopéennes. Nul niveau, nulle symétrie, des ouvertures de tous les styles et de toutes les dimensions ; on n'y connaissait que la ligne brisée que les paraboles et les hyperboles et l'angle droit n'y avait que rarement ses entrées. Si bien que lorsque nos châtelains de la Renaissance se trouvèrent dans des pièces bien carrées ou régulièrement oblongues, purent se promener dans des galeries rectilignes, bien éclairées et bien aérées, ou nul angle aigu ou obtus ne venait contrarier la belle ordonnance de la perspective ; quand ils purent gravir leurs étages dans des escaliers larges, à pente bien ménagée, sans crainte de se donner des vertiges comme dans ces incommodes colimaçons d'autrefois, ils durent se croire au ciel, et plaindre leurs aïeux de ce que les nécessités de la défense les eussent condamnés à passer leurs jours dans l'asymétrie, dans une demi-obscurité, et dans des étalages de pierres sans goût et sans règle. Que dire donc de nos modernes Crésus et même de nos modestes bourgeois, qui se font bâtir des châteaux où le rond, l'arc brisé, l'angle aigu ou obtus, un invraisemblable assemblage de logettes, un chaos de niveaux différents, empêchent d'y placer un meuble, et d'y faire quatre pas sans trébucher contre un degré, ou se casser le nez contre un angle trop audacieux ?

## III

A voir la quantité de gens de lettres dont la France est inondée aujourd'hui, on croirait que le métier d'écrire est des plus rémunérateurs, que quiconque tient une plume est couvert d'or, et l'on est tout étonné de voir que ce métier est l'un de ceux où l'on meurt le plus de faim.

Le nombre des gens qui lisent est grand en France, mais l'on ne veut pas payer cher le plaisir de la lecture, et tel n'hésitera pas à payer mille écus un tableau, qui trouvera qu'un livre de cinq francs est bien cher.

Et pourtant, certes, l'industrie qui vous vend les jouissances d'esprit au meilleur marché, c'est la librairie. Les écrivains, néanmoins, peuvent faire de très grands profits par la quantité des tirages, mais, tandis qu'une copie d'un tableau en renom est encore extrêmement chère, un exemplaire du meilleur livre est au même taux pour tous les Français et pour tous les gens civilisés, et l'on peut admirer et savourer Bossuet, Pascal, Molière et Racine sans se ruiner ni sans rien retrancher sur ses menus plaisirs.

Il y a, à cet égard, un phénomène curieux pour celui qui observe les destinées des œuvres d'art. Il semblerait qu'avec le temps les grandes œuvres de tous les siècles dussent toutes renchérir, et c'est ce qui arrive, en effet, pour la peinture, la sculpture et l'architecture, c'est-à-dire celles où un élément matériel se mêle à la conception idéale, parfois jusqu'à prédominer. Tandis qu'en littérature et en musique les grandes œuvres sont mises de plus en plus à la portée du public. Il semblerait pourtant que ces dernières, étant plus immatérielles, devraient être plus prisées, mais l'on estimera toujours plus l'art ornemental, décoratif, que l'art discret, intime, ou du moins l'on aura toujours des tendances à le payer plus cher.

Quelqu'un pourtant tire un énorme profit des œuvres de l'esprit, ce sont les interprètes et les commentateurs. Le public veut qu'on lui dise comment il doit admirer ; il ne serait pas sûr de lui sans ce secours. Il faut donc qu'on lui fasse sentir les beautés littéraires ou musicales, et alors il paye ces truchements, ces reflets, ces abstracteurs de quintessence, des prix qui eussent fait rougir Corneille, Molière, Racine, Voltaire, auteurs immortels des œuvres qu'ils ne font que débiter.

Quoi que l'on dise, on voit certainement une décroissance du goût en France. Le goût, c'est le sentiment modéré, équilibré, c'est la juste balance. Sans doute cette balance change avec les siècles ; nous ne pouvons plus avoir la manière de sentir d'un Malherbe ou d'un Boileau ; mais aujourd'hui le courant du temps, les idées, les mœurs, tout nous porte à l'intempérance et au déséquilibre. Nous voulons des sensations fortes, énormes ; la puissance nous séduit plus que la mesure, ignorants que nous sommes devenus de cette vérité, que le génie consiste à savoir se borner, et qu'il faut en réalité, plus de puissance, plus de maîtrise, pour rentrer en soi, pour dominer la fougue de son esprit, pour discipliner les forces un peu sauvages de l'inspiration, que pour obéir à sa passion, et pour suivre le penchant de son imagination !

Toute l'évolution de l'art consiste à renouveler des choses vieilles. Ce qu'on appelle *création* n'est qu'un renouvellement. Mais ce renouvellement se fait naturellement, sans que nous en ayons toujours conscience. Le mérite du véritable artiste, c'est de le sentir, et souvent il n'est artiste, et grand artiste, que pour avoir été perspicace, et les voies nouvelles qu'il prétend avoir ouvertes ne sont, à bien le prendre, que les lois de la nature.

# Une résurrection de Voltaire en 1897

*Décembre 1897.*

On sait que Voltaire et J.-J. Rousseau viennent d'être exhumés. On croyait leurs cendres dispersées au vent ; on croyait que leurs tombeaux n'étaient que des cénotaphes. Mais ces rois de la pensée au dix-huitième siècle ont été plus heureux que les rois de France qu'on n'a pas laissé dormir à Saint-Denis. Que de fables n'avait-on pas édifiées sur cette reversibilité de la justice humaine qui avait fait de la profanation des cendres des deux philosophes l'expiation de la profanation des tombes royales ? Ainsi s'écrit l'histoire. Le Panthéon possède donc les ossements de Voltaire et J.-J. Rousseau. Après avoir agité le monde, ils ont dormi tranquillement de l'éternel repos. Une commission de savants a procédé à la reconnaissance de leurs reliques. L'honorable M. Berthelot a montré aux assistants la tête de Voltaire qui ressemble étonnamment, toute décharnée qu'elle est, aux têtes émaciées des statues de Pigalle et de Houdon. Mais ce qu'on ne sait pas (car M. Berthelot n'en a pas fait communication à l'Académie), c'est que la tête du patriarche, recomposée dans tous ses éléments, s'est remise à vivre un instant, et que le dialogue suivant a eu lieu entre le philosophe et le célèbre chimiste :

VOLTAIRE. — Eh quoi ! Monsieur, vous me réveillez ! Est-ce pour retrouver les hommes plus sages, les lois plus douces, les folliculaires moins ridicules, les Welches moins fanatiques, et le peuple plus heureux ?

M. BERTHELOT. — Hélas ! Maître, si c'est ce miracle-là que vous attendez, rendormez-vous de votre éternel sommeil. La philosophie marche d'un pas boiteux comme la justice. Vous lui avez fait faire de bien grands pas, et, si l'homme pouvait être raisonnable, c'est vous qui lui auriez fait ce beau cadeau. Mais la bête est toujours très près de l'ange. Vous avez cru extirper tous les préjugés : mais l'homme ne saurait s'en passer. Les Français aiment toujours votre grâce et votre limpidité. Il a été de bon goût d'être voltairien pendant près d'un siècle. Aujourd'hui on vous renie quelque peu : on n'est plus jaloux de la liberté de penser comme on l'était jadis. Les esprits se sont rembrumés de toutes sortes de fanatismes : on est bien près de s'engouer de ce qu'on ne comprend pas bien ; on serait presque humilié d'embrasser une idée avec modération. Les *systèmes*, que vous avez bafoués, redressent la tête, et avec eux le dogmatisme, la suffisance, l'éloquence vide et l'amour des mots. Que peut la pauvre raison au milieu de tout ce débordement ? Elle se cache, Maître, comme elle s'est toujours cachée. Il faut qu'elle ait le triomphe modeste, et ses adeptes ne sont pas légion A part quelques conquêtes de la philosophie, plus de bien-être, plus d'égalité, moins de privilèges, plus de commodités, plus de douceurs de mœurs, une absurdité moins flagrante, les sots et les fanatiques ont toujours un grand empire. Nous avons nos Nonottes et nos Patouillets, nous avons nos Frérons, nous avons vos docteurs Pangloss et vos docteurs Akakias, nous avons des maîtres intempérants et brutaux, nous avons des poètes boursouflés et vaniteux, nous avons des académiciens fleuris et musqués, nous avons des parlementaires gonflés et vides, enfin de soi-disant philosophes, qui sont plus fous que tous ceux-là.

VOLTAIRE. — « Hé ! Monsieur, c'est là le fonds de l'éternelle et immuable comédie, car de quoi rirait-on si ce n'est des sottises humaines ? Je vois que la source n'en est pas tarie. Mais quoi ! Les sots sont-ils aussi dangereux et aussi puissants qu'ils l'étaient de mon temps ? Avez-vous encore des bastonnades, des Bastilles, des chevalets, des bûchers, des censures et des exempts ? Un homme qui veut écrire est-il encore obligé de prendre tous les masques ? Est-il exposé à se faire étriller par des seigneurs impertinents ? Doit-il faire sa cour aux courtisans et aux maîtresses royales ? Peut-il publier quelque chose sans l'autorisation du Roi et sans le contre-seing d'un cuistre galonné ? Est-il censuré, amendé, lacéré, brûlé pour la plus grande gloire de Dieu et le bonheur du royaume ? Il me semblait avoir fait à cet édifice gothique quelques brèches. J'entrevoyais une révolution terrible au nom de la raison ; je félicitais les jeunes gens d'en être un jour les témoins. Me serais-je trompé ? La porte que j'avais entr'ouverte au sens commun se serait-elle refermée sur cet édifice vermoulu ? Aurais-je en vain lutté, ricané, pleuré, et fait des pirouettes ? Les Welches sont-ils encore des Welches ? Les hommes seraient-ils toujours des singes ou des tigres ?

M. Berthelot. — « Maître, la raison triomphante a flatté l'orgueil des hommes, mais les passions qu'a engendrées cet orgueil les a empêchés d'être raisonnables. L'enivrement nuit en tout. Cette grande Révolution que vous avez prévue a commencé dans une belle ivresse et a fini dans le sang. Ces Français aimables et plaisants, à qui les femmes et l'opéra faisaient tout oublier, se sont décimés eux-mêmes comme l'auraient pu faire des hordes de Tartares. Ces classes intelligentes et spirituelles, ces boudoirs que vous fréquentiez avec tant d'attraits, ces élégances que vous aimiez tant, ces salons où se formaient les philosophes, cette aristocratie de l'esprit qui, à vos yeux, devait vaincre le monde, tout cela a disparu un beau jour comme dans un gouffre. La torture, les roues, les chevalets avaient disparu, mais pour faire place à la justice la plus sommaire, la plus aveugle, et la plus impitoyable qu'on ait jamais vue. Quelques-uns de vos disciples cherchèrent à établir le culte de la Raison, mais avec de telles extravagances, que vous auriez eu bien de la peine à la reconnaître. Puis ce furent des sectes aussi ridicules que prétentieuses. Au milieu de ces débordements, l'*Infâme* ne fut pas écrasé comme vous le pensiez. On supprima les dîmes, les prébendes, on s'empara des biens du clergé, mais le clergé resta comme une puissance avec laquelle il faut toujours compter. Au lieu de le détruire, l'on fit avec lui un accord qui lui laissa de belles immunités. Mais on fit de la religion un instrument de gouvernement, et les pompes spirituelles furent consacrées par l'Etat. On eut une foule de cagots officiels qui ne valaient pas mieux que ceux que vous avez si bien fustigés, et l'hypocrisie devint presque une maxime d'État. Le besoin de bon sens au milieu de tant d'extravagances fit qu'enfin l'opinion vous revint. La bourgeoisie se fit voltairienne : on mit sur le trône un roi philosophe qui n'aimait pas les cuistres de paroisses ni les bedeaux. Malgré votre grande perruque, vos broderies, et vos airs de grand seigneur, on vous appela le premier bourgeois de France, et vous eûtes là un assez long règne dont votre mémoire doit être fière. Mais tout s'altère et périt ici-bas. On finit par vous trouver léger et inconséquent. Les philosophes du jour ne haïssent plus les préjugés comme vous l'avez fait ; ils cherchent à les comprendre et à les légitimer, et on admire moins ce qui est raisonnable, rationnel, que ce qui est *humain.* »

VOLTAIRE. — « Ah ! voilà un genre de sagesse qui n'était pas celui de mon *Candide*. Bien fous sont ceux qui cherchent à comprendre les hommes. Cherche-t-on à pénétrer les tigres ou les renards pour savoir si leurs instincts sont beaux et louables ? Mais, Monsieur, vous ne me dites rien des progrès de la Science. Elle avait fait de grands pas pendant que j'habitais votre petit monde terraqué. Nous avions des Académies qui péroraient plus qu'elles ne travaillaient, mais des savants qui travaillaient plus qu'ils ne péroraient. L'héritage scientifique aurait-il sombré ? Les savants sont-ils réduits à se cacher ? Je tremble que vous ne m'appreniez que la Sainte Inquisition a repris son empire, et que.... »

M. Berthelot. — « Non, Maître, la Science a continué à faire de grands pas ; et, si vous étiez autre chose que de la poussière, je vous ferais voir les éléments enchaînés ou vaincus, les forces de la Nature domptées, et venant en aide aux hommes pour toutes sortes de commodités et de satisfactions dont, en votre temps, vous n'aviez pas l'idée. Les savants ne se cachent plus ; ils sont plus libres que jamais, et plus honorés que ne l'étaient autrefois les financiers et les chanoines. Et, ce qui vous prouve que la Science a tous les privilèges, c'est que c'est un chimiste qui vous fait aujourd'hui l'honneur de vous disséquer. Mais les *Nonottes* n'en continuent pas moins leur œuvre de termites. Sous prétexte que la Science rend les hommes plus éclairés peut-être, mais non pas plus heureux ; qu'elle ne nous donne que des réalités au lieu d'un séduisant idéal, qu'elle bannit le surnaturel, et ne croit à aucune intervention suprà-terrestre, on prêche de tous côtés qu'elle découronne l'homme, que ce qu'on fait avec conscience et en pleine lumière ne vaut pas ce qu'on fait par instinct et avec inconscience, que la Nature aveugle est bien plus puissante que l'esprit, que c'est elle qui fait les aristocraties, et non pas l'intelligence ni les lumières, et autres billevesées qui vous feraient bondir si vos nerfs et vos muscles n'étaient pas rongés par le temps. Peu s'en faut qu'on ne reprenne, sur un autre ton, la thèse qui vous amusait si fort chez l'un de vos illustres contemporains, et qu'on ne proclame qu'il faut en revenir à l'heureuse barbarie d'autrefois, et que les hommes, s'ils étaient sages, se remettraient à marcher à quatre pattes. »

VOLTAIRE. — Hé ! vous me rappelez là une plaisanterie que j'ai faite à ce pauvre Jean-Jacques Rousseau. Le malheureux ! l'ai-je assez molesté, et s'est-il assez torturé lui-même ! Mais, dites-moi, parle-t-on encore aujourd'hui de ce sublime sauvage ? Lui donne-t-on raison contre moi ? A-t-il réussi à faire de ces brillants Welches des Scythes ou des Spartiates ? »

M. BERTHELOT. — « Vous savez que sa singularité lui a fait beaucoup de disciples, et qu'il n'est rien de tel pour séduire les hommes que de se faire misanthrope. Il a donc eu pour lui les femmes, les rêveurs, les amis de la Nature, les *antiques* qui haïssent le progrès, les théoriciens qui arrangent le monde à leur guise. On a dit qu'il a ranimé ce que vous aviez desséché. On a même dit que vous étiez un peu jaloux de son *Héloïse* et de son *Vicaire savoyard*. Je veux bien croire que ce sont des rêveries. Mais enfin il a retourné son siècle. Il a fait des grandes dames des nourrices, il a voulu que l'éducation ne servit plus seulement qu'à faire des petits-maîtres, il a anobli le travail manuel, il a ranimé le sentiment religieux et fait regagner au Christianisme les points que vous lui avez fait perdre. A part un peu de déclamation, il a été un grand artiste en bonne langue ; il a restauré la phrase savante et longue, il nous a dotés du style descriptif, qui depuis...... Mais alors c'était une nouveauté agréable. Il a ressuscité le *romanesque*, genre qui était perdu, et enfanté des milliers de mélancoliques, de désolés et de pleurards. Bien qu'il ait été un peu cuistre, l'opinion lui a été très douce : on l'étudie, on le commente sur tous les tons, et ce diable d'homme, ce *Diogène*, comme vous l'appeliez, a peut-être fait couler plus d'encre que vous et tous vos philosophes. »

VOLTAIRE. — « Mon ombre n'a plus l'irascibilité qu'avait mon esprit du temps où j'habitais la terre. Les sottises humaines me rendaient fou, et, si j'en voulais à ce pauvre Jean-Jacques, c'était de n'être pas voltairien. Il était optimiste, lui qui était presque gueux, et j'étais pessimiste, moi qui avais plus de cent mille livres de rente ; mais, avec son optimisme, il ne voyait que du mal partout, que couleuvres et vipères autour de lui, que noirceurs et complots. Moi, qui étais pessimiste, j'ai fait le *Mondain*, j'ai chanté le luxe, le superflu, *chose si nécessaire*, j'ai célébré toutes les douceurs de l'amitié, j'ai répandu l'*Anti-Machiavel* du roi de Prusse, j'ai cru à la bonté des rois et à la fidélité des femmes, enfin j'ai fait des landes de Ferney un éden : voilà mon pessimisme. Ces inconséquences sont, Monsieur, les jeux de la pauvre raison humaine, s'il me restait un peu de souffle, je crierais encore aux hommes : « Soyez légers, indulgents, inconséquents, glissez et n'appuyez pas, haïssez l'obscurité, l'enflure ; ne soyez ni dogmatiques, ni métaphysiciens ; croyez que tout s'arrange, et ne perdez pas votre temps à chercher des conciliations et des solutions, c'est-à-dire midi à quatorze heures ! »

M. BERTHELOT. — « Ces conseils seront, en effet, Maître, toujours bons, mais la Science, notre grande maîtresse, celle que vous avez tant adulée en la connaissant si mal, la Science ne nous permet plus ce doux septicisme. Nous ne voyons autour de nous que des lois d'airain. Plus nous découvrons de choses, plus nous voyons que nous sommes dominés, brutalisés, presque écrasés. La *liberté*, que nous nous octroyons toujours malgré tout, n'est qu'une source de désenchantements. Nous avons, il est vrai, le plaisir de la clairvoyance. Il est encore des gens qui s'amusent du monde comme d'un curieux spectacle. Il y en a qui prétendent qu'il n'a jamais été plus amusant. Mais ce qui les charme, c'est de retrouver dans l'homme la *bête*, cette bête que vous croyiez avoir vaincue, et de les voir s'agiter follement comme des singes ou des *gorilles !* »

VOLTAIRE. — « Hé ! je vois que l'esprit servira toujours aux Welches à discréditer l'esprit. Non, Monsieur, ce n'est pas une raison de mélancolie que d'y voir clair, si les hommes sont encore bêtes et méchants, c'est qu'ils ne sont pas assez éclairés. Mais, s'ils ne sont pas encore bons, c'est que leur cœur est resté mauvais. Purifier leur esprit et leur cœur, voilà la tâche des philosophes. Pour purifier leur esprit, il faut les empêcher de mettre trop d'eux-mêmes dans ce qu'ils pensent et dans ce qu'ils recherchent. Vous avez beau édicter la plus parfaite discrétion, les plus grandes précautions scientifiques, les nuages de notre amour-propre, de nos préjugés jetteront toujours un voile d'erreur sur vos investigations et sur vos découvertes. La conquête de la vérité est comme toutes les conquêtes, elle a ses duretés et ses cruautés ; il faut savoir la subir et la regarder stoïquement en face. Voilà pourquoi, si l'amélioration de la condition humaine est attachée à l'œuvre de la science, on ne peut pas dire que cette dernière procure le bonheur, mais elle procure une santé intellectuelle, sans laquelle l'esprit gauchit et s'égare, et tous vos efforts doivent tendre à amener de plus en plus un meilleur régime de l'esprit. Rien n'est plus précieux que de savoir la bonne direction qu'il faut lui donner. Mais, si l'esprit lui-même est corrompu, comment arrivera-t-il à penser juste et à voir droit ? Un homme grossier jouera-t-il bien d'un instrument délicat, quelque excellent qu'il soit ? Les grossières vapeurs qui obscurciront ses sens, ses instincts, ses passions, obscurciront aussi son esprit, soyez-en bien persuadé. La raison n'est donc un guide sûr que lorsqu'elle est pure, mais c'est une merveille que d'y arriver. Employez-vous y donç, savants et philosophes, et comptez que ce sera pour vous le plus grand des triomphes que d'avoir purifié l'esprit.

Quant à la purification du cœur, elle est la condition de toute sagesse et le pivôt de la véritable humanité. On ne peut penser juste que si l'on a le cœur droit. Que sert à l'homme d'user de sa raison, s'il est la proie des sophismes ? L'homme, je vous le répète a besoin d'être purifié. Ce qu'il met de lui-même dans ses raisonnements et dans ses passions ne vaut guère. Il faut qu'il sorte de lui, et il n'arrive à être humain que s'il n'est plus lui-même. Je n'ai jamais beaucoup aimé les Stoïciens, mais, à part leur dureté et leur inflexibilité, ils ont bien vu que l'homme, pour être sage, devait changer de nature...... Mais je vois que je m'engage dans une philosophie bien haute et trop suprà-terrestre pour vous. Il est temps que je m'arrête pour que vous ne jugiez pas que Voltaire, si bavard pendant sa vie, l'a été plus encore après sa mort.... »

M. BERTHELOT. — « Non, Maitre, le monde aujourd'hui a tellement soif de vérité, que la parole d'un pur esprit est, pour nous autres, pauvres mortels, une aubaine inespérée. Dites nous donc quel est le secret de la sagesse et du bonheur pour cette humanité que vous avez tant aimée.

VOLTAIRE. — « Oui, vous le dites bien, Monsieur, j'ai aimé l'humanité, et je vois aujourd'hui que mon seul mérite, auprès de notre grand Juge, c'est d'avoir un peu aimé les hommes. Malgré les peintures que vous me faites de l'etat du monde, je ne puis pas croire que je n'aie pas contribué à les rendre un peu plus heureux. Je ne m'en flatterais pas si je n'y avais mis que mon esprit, mais je crois y avoir mis aussi beaucoup de mon cœur. Or ce qui vient du cœur est d'un domaine supérieur, *d'un autre ordre*, comme disait Pascal. « Tous les corps et tous les esprits ensemble, disait-il encore, ne valent pas le moindre mouvement de charité. » Que cela est bien dit ! Monsieur ; et combien, après cela, ceux qui rêvent de soulager l'humanité par la vertu de la seule raison font une fausse et inutile route ! Je suis plus content d'avoir réhabilité Calas que d'avoir écrit tous mes livres. J'ai exécré toutes les tyrannies, et les serfs du Mont-Jura, qui me doivent leur liberté, et les gens de Ferney qui me doivent leur industrie et leur aisance, et les misérables que j'ai délivrés de la torture et de la barbarie d'une procédure inique, tous ceux-là témoigneront que j'ai pu dire, sans trop me flatter :

J'ai fait un peu de bien, c'est mon meilleur ouvrage.

Mais voilà que les fumées de la gloire humaine me chatouillent et m'enveloppent. Il est temps de remonter dans l'empyrée, où les choses humaines sont comptées à leur juste mesure. Et ne dites à personne que vous avez conversé avec la tête de Voltaire, car pour un ennemi du miracle comme vous l'êtes, on ne vous croirait pas. »

15 Février 1898.

# CONCLUSION

De quelque impartialité qu'on se pique dans ses jugements, on n'a jamais de très bons yeux quand on juge son siècle. Le lecteur trouvera donc dans ce travail beaucoup à rectifier, et je lui donnerai raison dans la plupart de ses critiques s'il ne doute pas de ma bonne foi.

Je crois m'être mis hors de tout préjugé, mais c'est encore souvent un préjugé que d'avoir cette assurance. Je crois être plutôt optimiste que pessimiste, et c'est, à mon sens, une excellente disposition pour apprécier les Français. Leurs défauts sont toujours plutôt des défauts de l'esprit que du cœur. Toutes les formes politiques ou sociales ne changeront pas cette prédisposition. Je ne sais même pas s'ils ne sont pas meilleurs, étant démocrates, que sous tout autre régime, car, comme il y a moins de déguisement et de formalisme dans la démocratie, il y a, dans leur caractère, moins de fausseté et d'hypocrisie. Il y a aussi moins de distance entre eux, plus d'humanité, plus de solidarité, et, à part la vanité, qui est de tous les siècles, on ne voit plus guère de ces faux prestiges, de ces dominations insolentes et lourdes qui faisaient du grand nombre de véritables esclaves. On subit pourtant beaucoup de choses en France, et Dieu sait tout ce qu'on y subit ! Mais l'on n'a plus une véritable foi dans aucune de ces tyrannies. Avec tous les défauts du gouvernement, on est fier d'être habilement gouverné, on passe une foule de choses à un homme d'esprit, et, entre un despote intelligent et un sot libéral, peu de gens hésiteraient. La médiocrité a moins de prestige qu'autrefois, et les ploutocrates mêmes, qui n'avaient jadis d'autre mérite que d'être riches, sentent aujourd'hui le besoin d'être cultivés.

C'est que, au fond, le caractère du peuple français est d'être essentiellement aristocratique. On a la fureur de se distinguer. Rien n'est plus amer à un Français que d'être comparé aux autres hommes, et, si le Gouvernement ne distinguait pas ses sujets par quelque chose, on le regarderait comme profondément injuste. Et c'est de cela, plus même de ses mérites propres, que le Français se glorifie. Il ne se dit pas que la manne gouvernementale tombe où il lui plait ; il s'estime heureux et fier d'avoir été là pour la recevoir. Il serait grand artiste, fort bon guerrier, fort habile homme, qu'il ne le croirait pas s'il n'est pas décoré.

Cela suppose de sa part une certaine modestie qui l'empêche d'être insolent, et qui le classe, malgré tout, parmi les hommes ordinaires. Car, comme il ne se vante que d'avoir été distingué, cette chance peut arriver à tous, et dès lors toutes les inégalités naturelles disparaissent. C'est un excellent instrument de nivellement que la décoration, et je ne sais pas si ce n'est pas par une sorte d'instinct démocratique que nos souverains l'ont instituée.

C'est pourquoi les anciennes classes aristocratiques ont subi avec beaucoup de résignation leur déchéance, car, malgré toutes les vicissitudes, l'opinion publique les distingue toujours, et, cela suffisant à leur vanité, elles ne se plaignent pas trop du sort, d'autant plus qu'un homme du peuple aimera toujours à coudoyer un comte ou un marquis, et trouvera que ce voisinage ou cette familiarité l'élèveront au-dessus de ses semblables.

La démocratie serait précaire si elle n'arrivait pas à flatter en quelque manière ces sentiments. Toutes les réformes démocratiques ont pour base un sentiment aristocratique. C'est l'aristocratie que cherchent les prolétaires et non l'égalité ni le nivellement. Qu'on me dise si un Français quelconque aspire à être un homme comme un autre ? Il serait profondément blessé si vous l'en soupçonniez. Et c'est pourtant à cela qu'il devrait viser s'il était bon démocrate. Mais non : il veut être un homme au-dessus des autres ; il le dit ou le laisse penser, et les meilleurs démocrates du monde ne s'en scandalisent pas.

Aussi est-ce là proprement le but de la démocratie. Dans une société où tous seraient égaux, il ne conviendrait à personne d'avoir l'empire, mais c'est à ceux qui sont au-dessus des autres que ce privilège échoit. Les Français supporteraient difficilement la domination d'un égal. Les Constitutions ont beau déclarer que le pouvoir n'est plus un privilège, que tous y ont accès, un Président sera toujours un Président, et les Ministres seront toujours des Ministres.

C'est pourquoi on les traite toujours monarchiquement. Un Président ne devrait être que le premier des bourgeois, mais, dès qu'il se déplace, toute la France en est avertie ; tous les corps constitués se déplacent, ce ne sont qu'hommages et que flatteries. Un ministre ne peut paraître quelque part sans attirer tous les fonctionnaires qui maugréent de n'avoir pas été prévenus.

Que de tels hommages attirent la médiocrité, c'est bien naturel, car c'est si bon d'avoir passé par les enivrements du pouvoir, et tel, qu'il n'y a passé que quelques jours, ne manquera pas de mettre sur sa carte : *ancien ministre*.

Il est étonnant que cet accès de tous, et souvent des moins dignes, au pouvoir, ne le rabaisse pas, mais ce sont nos sentiments aristocratiques qui le maintiennent à un degré aussi élevé. Aussi les oripeaux monarchiques persistent-ils en dépit de tout. Un Président qui n'aurait pas une Maison militaire ne serait pas considéré. Celui qui méditait de lui donner un uniforme connaissait bien les Français.

En résumé le Français démocrate ne l'est que de surface ; il faudra bien du temps pour qu'il dépouille le vernis d'aristocratie qui a toujours fait le fond du caractère français.

FIN

# TABLE DES MATIÈRES

IMPRIMERIE ET LITHOGRAPHIE P. TAVERNIER
VITRY-LE-FRANÇOIS

www.ingramcontent.com/pod-product-compliance
Ingram Content Group UK Ltd.
Pitfield, Milton Keynes, MK11 3LW, UK
UKHW020307230726
13925UKWH00001B/260

9 782013 447270